高速铁路发展对中国区域空间格局的影响研究

王赟赟

_著

上海交通大学出版社
SHANGHAI JIAO TONG UNIVERSITY PRESS

内容提要

　　本书利用新经济地理学的理论框架,借鉴 GIS 及计量经济学的研究方法,分析了高速铁路的发展对中国经济分布、人口流动以及区域一体化的影响。本书的研究结论对中国交通基础设施建设与区域空间发展具有重要的理论意义与实践意义。本书的读者对象包括城市规划、经济学、地理学相关领域的科研工作者及对中国区域空间发展感兴趣的读者。

图书在版编目(CIP)数据

高速铁路发展对中国区域空间格局的影响研究/ 王赟赟著.—上海: 上海交通大学出版社,2022.9
ISBN 978－7－313－27276－8

Ⅰ.①高⋯ Ⅱ.①王⋯ Ⅲ.①高速铁路－影响－区域经济－空间结构－研究 中国 Ⅳ.①F127

中国版本图书馆 CIP 数据核字(2022)第 148136 号

高速铁路发展对中国区域空间格局的影响研究
GAOSU TIELU FAZHAN DUI ZHONGGUO QUYU KONGJIAN GEJU DE YINGXIANG YANJIU

著　　者:王赟赟
出版发行:上海交通大学出版社　　　　　　　　地　　址:上海市番禺路 951 号
邮政编码:200030　　　　　　　　　　　　　　电　　话:021－64071208
印　　制:苏州市越洋印刷有限公司　　　　　　经　　销:全国新华书店
开　　本:710 mm×1000 mm　1/16　　　　　　印　　张:11
字　　数:159 千字
版　　次:2022 年 9 月第 1 版　　　　　　　　　印　　次:2022 年 9 月第 1 次印刷
书　　号:ISBN 978－7－313－27276－8
定　　价:69.00 元

序
FOREWORD

本书是王赟赟在他的博士论文基础上修订而成的。

在这本书中，王赟赟以新经济地理学为理论基础，分析了高速铁路发展对中国空间经济的作用机理，并运用经济学方法检验了高铁发展对经济分布、人口流动及区域一体化方面的影响。

改革开放以来，由于政策支持的倾斜及天然的地理优势，我国东部沿海地区逐渐成为人口、技术等要素的集聚地。经济与人口的东向流动既促进了东部地区的繁荣，也扩大了区域间发展水平的差距。随着经济全球化的深化、城市化进程的加速及交通基础设施水平的提升，城市间的联系日益紧密，时空距离得以不断压缩。我国"十二五"及"十三五"规划明确提出，将交通基础设施建设作为实施西部开发、促进区域协调发展的重要任务。自 2008 年 8 月 1 日开通运营第一条时速达 350 公里的京津城际高速铁路以来，截至 2021 年底，我国高速铁路运营里程已突破 4 万公里，"八纵八横"初具规模。高速铁路的发展，颠覆了传统交通模式，极大地缩短了城市间的时空距离，人们的出行模式、就业选择及生产行为相应发生深刻变革，对经济社会发展产生了与日俱增的影响。

新经济地理理论认为，交通基础设施对经济活动在区域空间上的协调有着显著作用。因此，从理论与实证上研究高铁发展对区域空间的影响，把握两者的内在联系，将有可能找到一条有效解决经济、人口与区域协调发展的途径。目前已有越来越多的学者关注交通基础设施与区域空间的关系，但有关高铁空间经济效应的研究,还未得出较为一致的结论。这为王赟赟的后续研究留下了进一步拓展的可能。

王赟赟的博士论文虽是多年前撰写的,但其中的一些观点及结论仍然具有重要的现实意义。阅读此书,可以让更多朋友了解怎样用经济学的方法研究城市及区域问题。由衷祝贺这部专著的出版。

是为序。

陈　宪

2022 年 2 月 2 日

前言
PREFACE

　　大规模交通基础设施的建设降低了城市间的单位通勤成本,压缩了城市间的时空距离,增加了企业选址与劳动者就业的选择范围。一直以来,在所有关于交通基础设施的问题中,建设成本、设施类型及空间布局受到了极大的关注。本书首先以新经济地理学的核心—边缘模型为基础,构建了包含两个地区、两种要素及三种产品拓展的核心—边缘模型,将交通基础设施与经济空间要素纳入一个统一的研究框架中进行分析。其次,本书基于不同的理论模型,以空间经济学、城市经济学、地理学、工具变量法等多学科前沿研究方法以及夜间灯光数据、全球动态人口分布数据等多种数据,来考察高铁发展对我国经济分布、人口流动以及区域一体化三方面的影响。最后,本书基于理论模型和实证研究得出的结论,提出相关的政策建议,以促进中国区域协调发展。

　　本书从空间视角拓展了国内学者关于交通基础设施作用的分析,补充了国外学者关于中国高速铁路问题的研究,利用丰富的经济与空间数据详细地分析了高速铁路的空间经济效应及影响机制。本书的主要研究内容如下:

　　第一,本书对交通基础设施以及高铁发展研究方法及相关文献进行了归纳整理。从评价交通基础设施经济效应的常见方法、交通基础设施经济效应的实证文献及高铁经济效应的实证文献三个方面进行比较和梳理。从研究方法来看,高铁发展的经济效用包括了直接效应、间接效应和综合效应。从影响范围来看,高铁发展的经济效用包括了投资效应、溢出效应和区域空间效应。

第二,本书从中国区域空间格局、高铁的发展历程以及高铁发展与区域空间的相关作用三个方面,分析了研究背景。研究表明,自改革开放以来,中国进入了经济高速增长的阶段,由于国家政策的影响,我国经济分布上存在明显的区域差异,东部沿海地区引导着国家的生产发展和技术创新。自 2000 年以来,我国逐渐开始实施振兴西部的区域协调发展政策,经济重心表现出自东向西的移动轨迹。然而,由于自然因素及过去长期积累下来的优势,人口依然表现出自西向东的流动特征。虽然中国高铁建设起步较晚,但在短短几年内,中国已经成为世界上高速铁路运营里程最长、在建规模最大的国家。截至 2015 年底,我国高铁"四纵四横"已初具规模。目前,我国经济社会分布在空间上呈现出较明显的集聚特征,珠三角、沪杭甬、京津冀三大都市圈①以及长江经济带成为社会经济要素集聚的重心。高铁一小时通勤圈覆盖了以上三大都市圈,高铁通勤圈已形成东部大小城市连绵的城市群,城市间时空距离的大大缩短也加速了要素资源的流动,进而推进了区域一体化的进程。

第三,本书总结了高铁发展对我国区域空间格局的影响机理。首先,作为一项大规模基础设施工程,高铁的发展在初始阶段通过投资拉动相关产业发展,促进经济增长,并依靠站点地区公共服务设施开发以及交通基础设施水平的提升,促成城市空间结构的重塑。其次,高铁的发展增强了核心城市的区位优势,进一步加速人口和经济的集聚。由于核心城市人口的不断集聚,土地价格上升,高铁的开通降低了核心城市与周围中小城市间的交通成本,也方便了要素的扩散。最后,高铁网络的不断完善能大幅度减少城市间的交通时间,压缩城市间的时空距离,产生空间收敛的作用。同城化效应使得城市差距缩小、行政边界趋于模糊,进而形成紧密联系、共存共荣的经济体。在梳理与高铁空间效应相关的经济增长理论、城市经济理论、国际贸易理论及新经济地理理论的基础上,本研究构建了一个包含两个地区、两种要素以及三种产品拓展的核心—边缘模型。该模型分析显示:在初始阶段,随着贸易成本的降低,经济趋

---

① 因本研究的实证分析较早,当前一些都市圈的表述已有变化,如"珠三角"现在多以"粤港澳大湾区"的表述代之,"沪杭甬"多以"长三角"的表述代之。关于都市圈的名称,本书仍沿用之前的提法。

向集聚。在贸易自由度较高的条件下,由于规模经济效应及土地成本的存在,会同时出现集聚与再扩散。随着土地成本的上升,要素趋于扩散;随着贸易成本的逐渐降低,集聚均衡会成为社会的最优选择。产业的集聚可以使得技术工人获得较高福利,土地成本的增加又会降低技术工人的福利,总体上看,人口向大城市的集聚能获得更高的福利。

第四,本书分析了高铁发展对我国经济空间分布的影响。研究结果显示:高铁的发展减缓了沿线中小城市的经济增长,而非我们通常认为的中心城市扩散效应。这在非高铁沿线城市中没有显著影响。高铁对特大城市的正向效应与以往的研究基本一致。交通状况的改善带来的贸易成本降低以及大城市的集聚是造成中小城市经济放缓的原因。这也表明了中国的城市化仍然是以区域中心城市为核心的集聚过程。这个机制的作用随着到高铁线路距离的增加而衰减,但是我们没有发现存在一个明显的拐点。不同于以往一些学者的研究结果,本研究发现,随着高铁的开通,大城市并未对沿线城市投资产生虹吸效应,相反还表现出扩散的作用,而影响增长的重要因素来自沿线中小城市高技能劳动力的挤出;投资拉动作用在高铁建设期间效果明显,随着高铁建设工程的竣工,投资拉动效应减弱,最重要的建筑行业投资水平显著下降,影响着经济增长,这也是高铁开通之后沿线城市经济增长减缓的重要因素。高铁作为客运交通专线,对产出影响最大的仍然是第二产业,对第一产业没有明显的影响。由于目前中国高铁建设历程相对较短,大城市的集聚是否会抑制小城市的发展还不能确定;从短期来看,尽管高铁的通车似乎存在负面作用,但长期来看,这种负面作用似乎正在减弱。

第五,本书分析了高铁发展对中国人口流动在区域空间及城市内部的作用。研究结果表明:总体上高铁的开通促进了沿线城市的人口集聚,户籍制度的存在仍然限制了人口的流动;高铁的作用在各个区域及不同城市层级上有着明显差别;高铁的开通改变了中国城市可达性的空间格局,从而造成了区域空间分化现象。根据夜间灯光地图数据及 Landscan 全球动态人口分布地图检验结果显示,无论是从全样本还是分样本回归来看,高铁开通对城市郊区化有着明显的促进作用。

第六,本书从市场一体化及空间一体化两个维度检验了高铁发展对区域一体化的作用。研究结果表明:交通成本的降低,可以在一定程度上缩小城市间的收入差距,特大城市的集聚作用及过去政策的倾向影响着城市的增长趋势;高铁的发展满足了中长距离出行的需要;人口及资本的流动是促进收入差距缩小的重要因素。特别地,人口的进一步集聚及投资的扩散是促进大城市与小城市之间收入收敛的主要原因,而人口及投资的差距缩小是引起小城市与小城市之间收入收敛的主要原因;高铁的发展加速了知识的溢出与扩散,这也可能是促进市场融合的一个因素。从空间角度来看,高铁的发展打破了城市行政边界的束缚,模糊了行政界线。夜间灯光数据的检验表明,高铁的发展促进了区域空间一体化,特别是东部地区的一体化发展。都市圈规划也对区域一体化进程有着推动作用,从目前的发展水平来看,沪杭甬都市圈在三大都市圈中表现出了最高的一体化程度。

目录
CONTENTS

第 1 章

绪 论

区域发展不均衡及集群化是目前我国城市化的重要特征。高速铁路的发展将在某种程度上影响我国城市化的进程。因此,研究高速铁路发展的影响,具有重要的现实意义。

1.1 中国的城市化与高速铁路

1.1.1 区域空间发展的不平衡

一方面,改革开放以来,由于政策支持的倾斜及天然的地理优势,我国东部沿海地区逐渐成为人口与技术的集聚地。资源与人口的东向流动,既促进了东部地区的繁荣,也扩大了区域间发展水平的差异。尽管 1999 年中央工作会议提出西部大开发战略,党的十六届三中全会明确了区域协调发展的政策,并谋划振兴东北老工业基地的战略,为我国国民经济持续快速稳定发展、实现现代化发挥了重要作用,但区域间不平衡的发展趋势仍然显著。国家统计局的数据显示:2013 年,东部地区 10 省市 GDP 占全国 GDP 的比重达到51.2%,人口占比达到38.2%,土地面积占比仅为9.5%;中部地区 6 省市 GDP占全国 GDP 的比重为20.2%,人口占比为26.6%,土地面积占比为10.7%;西部地区 12 省区市 GDP 占全国 GDP 的比重为20.0%,人口占比为20.0%,土地面积占比却为71.5%[①]。

---

① 根据《中国统计年鉴(2014)》的数据整理而得。

另一方面,市场经济的集聚效应以及过分依赖城市经济发展的战略,导致了中国的快速城市化,加剧了城乡二元结构。改革开放以来,以农村支持城市、加速工业化及促进全局经济发展的政策,并没有缩小城乡居民收入的差距。城乡差距不断扩大成为阻碍我国社会发展的重要问题之一(见图1-1)。目前城乡之间既存在着经济发展水平的差距,也有科学教育、医疗卫生及社会保障方面的差距。国家统计局的数据显示,2015年普通小学城镇与乡村师资比为1.8∶1,每千人医疗卫生机构床位数城镇与乡村分别为8.27和3.71①。

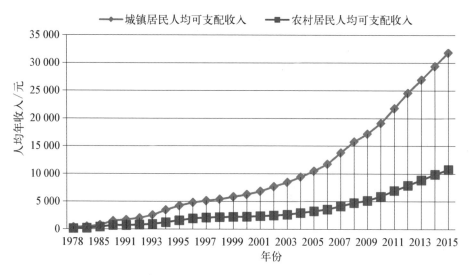

图1-1 1978—2015年中国城乡居民人均可支配收入变化

中国社科院发布的《中国县域经济发展报告(2016)》指出:2015年,中国经济仍旧延续了深度调整的态势,县域经济增速总体出现更为显著的下滑,更多县域经济体出现更大幅度的负增长,给当地经济带来了严重的冲击。尽管越来越多的学者建议根据市场规律进行区域及城市空间的资源配置,但受到历史及制度因素的限制,人口及其他要素资源并不能充分流动,区域及城乡的协调发展仍然需要合理的政策及基础设施给予支持。

---

① 根据《中国统计年鉴(2016)》整理而得。

1.1.2　以城市群为特征的城市化逐渐凸显

随着经济全球化的深化、城市化进程的加速以及交通基础设施水平的提升,城市间的联系日益紧密,城市间的时空距离得以不断被压缩。国家与区域之间的竞争越来越表现为城市之间的竞争,特别是以特大城市为核心的城市群之间的竞争。世界银行曾有一项数据显示,全球 60％的经济总量集中在湾区的城市群。发达的城市群以庞大的经济体量、宜人的环境、包容的文化氛围、高效的资源配置能力成为区域乃至一国的中心,以其强大的辐射能力带动周边经济的发展。而这些城市群往往都是围绕一座世界城市而建立,并遵循着“一个世界级核心城市—若干区域性中心城市——定数量的一般城市—数量较多的小城镇”这样的驱动模型。在中国,逐渐形成了京津冀、沪杭甬、珠三角三大城市群。

长期以来,我们在都市圈的空间范围、发展定位上一直都未明确,历史及制度因素限制了劳动力的自由流动,中心城市的高端要素集聚功能没有得到有效发挥。随着交通基础设施的完善,都市圈作为城市群的主体形式,如何通过科学研究与测算,以一日通勤的标准确定其范围结构和发展定位,减少土地低效开发,提升中心城市集聚高端要素的能力,越来越受到政府管理者与学者的关注。如何引导中心城市其他功能的扩散,提升周围城市的特色功能;如何看待核心大城市与周边城市的关系,一体化建设中心城市及周边城市,促进人口、产业及基础设施的协调发展;等等。以上都是值得我们思考的问题。

1.1.3　交通基础设施的作用日益增强

经济活动受到货物运输及客运交通的影响,企业的生产行为依赖于原材料、劳动力及产品的流动,消费者行为也与产品的贸易及自身的出行息息相关。由于交通基础设施从规划建设到获得投资收益是一项复杂且漫长的大规模工程,因而一直都受到政府管理者及学者的关注(见图 1-2)。

近年来,世界发展银行的贷款约有 20％都用于各国交通基础设施的建设。

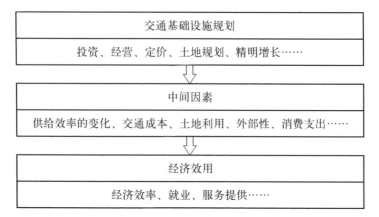

图1-2 交通基础设施的收益渠道

这一比例甚至高于世界发展银行对扶贫项目的投资比例。大规模交通基础设施作为降低交易成本的工具,对于促进要素的流动、增强区域联结和推动经济发展有着重要作用(见表1-1)。这一结论可以被欧洲、日本、美国以及中国历史上的大规模交通基础设施建设与地区的经济快速增长所证实。

表1-1 交通基础设施的经济效用

影 响 范 围	具 体 表 现
市场可达性	减少装备成本、旅行时间,使消费者更易接近市场,提高生产率
外部性	缓解交通拥堵,减少交通事故及污染
高效的土地利用	减少土地的低效利用,提高集聚效率
消费	促进消费者在交通运输方面的消费
对相关产业的影响	促进相关行业发展,如旅游、零售等

从普通道路到快速公路,从普通轨道交通到高速铁路,交通运输技术本身也经历了巨大的变化,影响着经济活动的空间分布、产业集聚与城市化进程。毋庸置疑,发达地区相对于贫困地区有着更完善的交通基础设施。数据显示,各国交通运输部门对GDP增长的平均贡献度达到5%。如今各国在交通运输上的

投资也远高于历史上的任何时期：美国正投资 1 289 亿美元用于扩建其州际高速公路，总里程达到 42 795 英里①（Durantonand Turner，2012）；在中国，3.5 万公里的国家高速公路系统正在规划建设中，其投资总规模超过 1 200 亿美元（Faber，2014）。较高的交通运输水平可以促进国民经济更快的发展。随着信息技术的应用与普及，特别是高速铁路的发展，人们的出行模式、就业选择及生产行为都发生着深刻的变革，对经济与区域空间产生了与日俱增的影响。

1.1.4　高铁成为中国的名片

自 2008 年 8 月 1 日开通运营第一条时速达 350 公里的京津城际高速铁路以来，截至 2015 年底，我国高速铁路运营历程已达 1.9 万公里，"四纵四横"初具规模。加快中西部地区的发展，是我国现代化战略的重要组成部分。国务院于 2000 年颁布实施的《关于实施西部大开发若干政策措施的通知》提出，将交通基础设施建设作为实施西部开发、促进区域经济发展的重要任务，并以此为依托，制定有利于西部地区吸引人才、留住人才、鼓励人才创业的政策，实施东部城市对口支持西部地区人才培训计划，鼓励农业富余劳动力合理转移和跨地区人口合理流动。在"十二五"和"十三五"规划中，我国均明确将交通基础设施作为促进区域发展的重要手段。2004 年，《中长期铁路网规划》获得批复，我国又将高铁建设作为促进区域发展的重要措施。高速铁路的出现，颠覆了传统交通模式，极大地压缩了城市间的通行时间。

中国高速铁路的快速发展，促进了高速铁路技术的对外输出，带动了世界上其他国家的高铁建设。中国高铁具有技术先进、安全性高、成本低的优势。世界银行 2014 年的研究报告——《中国高速铁路：建设成本分析》显示，对于时速达 350 公里的中国高铁而言，每公里单位成本为 1 亿～1.25 亿元人民币；而欧洲设计时速 300 公里及以上的高铁，每公里单位成本高达 1.5 亿～2.4 亿

---

① 　1 英里≈1.609 公里。

元人民币；美国加利福尼亚州高铁每公里单位成本甚至高达3.2亿元人民币。2010年12月，中国铁道部与保加利亚、斯洛文尼亚等四国政府以及阿尔斯通、庞巴迪等跨国企业签署了战略合作协议。2014年，中国参与东盟高铁建设，推动"21世纪海上丝绸之路"物流网的发展以及中国与东盟之间的经济贸易合作。此外，中国还与巴基斯坦、土耳其、沙特阿拉伯、印度尼西亚以及非洲部分国家形成了战略合作关系。高铁已成为中国在世界上展示国家形象的重要名片。

1.2 研究意义

尽管有越来越多的学者开始研究交通基础设施与经济空间的关系，但以货运为主的传统交通设施的效用能否推广到新兴的客运交通为主的高速铁路上，我们仍不得而知。究其原因，一方面是因为高铁投入使用的历史较短，另一方面是因为目前全世界仅有十几个国家拥有真正意义上的高铁。

1.2.1 跨领域的方法视角研究空间问题

首先，本书拓展了空间经济模型在解决有关交通基础设施对社会经济问题方面的应用。目前空间经济学研究中构建的理论模型主要扩展自 Krugman 的新经济地理模型（NEG 模型）以及 Eaton 和 Kortum 建立的李嘉图贸易模型（EK 模型）。虽然前者假定规模报酬递增，而后者假定不变规模报酬，但它们都是建立在货物贸易的背景之下。因此在之后的拓展模型上，基本都从运输成本的角度，研究交通基础设施对社会经济的影响。然而高速铁路的出现，打破了传统运输模式的限制，以大规模、高效率为特征，压缩了城市间时空距离，极大地改变了人们的出行方式及就业选择范围。本书将贸易成本的计算从运输成本扩展到了交通时间，也将贸易成本的定义扩展到了出行成本、游说成本以及交易成本。本书在 NEG 模型的基础上构建了一个包含两个地区、两种要素及三种产品拓展的贸易模型，为研究现代高铁系统对经济空间的影响提供了严格的理论基础,也对相关参数做了严格的检验。

其次,本书利用跨学科的理论模型,对经济学中的相关概念指标予以量化。我们利用城市空间结构理论构建了城市郊区化指数,测度了高铁发展对城市郊区化水平的影响。我们也利用区域理论构建了城市一体化的实证模型,通过对行政边界区域社会经济活动的测度,检验了空间一体化的水平。

再次,我们从市场可达性角度对高铁的开通运营给交通成本带来的变化做了比较准确的估计。由于官方没有给出高铁网络的空间信息,因而使用高铁进行定量研究存在一定的困难。不同于以往研究中有学者通过高铁运行时间大致估计高铁带来的时空影响(杨维凤,2010),或者通过现有空间位置来近似估计高铁里程(Zheng and Kahn,2013;Lin,2016),我们通过构造真实的高铁网络估计了城市之间通达时间的变化。

最后,我们给空间经济研究领域增加了新的研究方法。一般的空间经济研究都依赖于空间数据的获取,由于部分数据获取受限,研究者往往并不能获得质量较高且实用性较强的数据。最常见的方法是将空间计量方法引入,但这需要获得不同空间的位置关系,而更深层次的东西并不能仅仅依靠这些简单的经纬度坐标获得。本书除了将大量的常见矢量数据加入我们的模型之外,还利用技术手段获取了一些并非数字信息的数据,比如,通过扫描后数字化处理的地图信息。所有这些数据信息在我们的研究中均得到了较好的应用,这为我们今后的空间经济研究提供了一种新的技术手段。

1.2.2　为城市化政策优化提供思路

高铁的建设会加深地区间的开放程度,由此带来要素资源的快速流通和频繁交会会扩大市场规模,时空距离的缩短更会改善城市之间的可通达性,进而扩大高铁沿线城市的辐射范围。进一步地,通过强化经济溢出来加速经济增长,并促进经济活动空间格局的调整和优化。本研究的现实意义主要表现为以下三方面:首先,中国不同城市之间的经济发展差距较大,因经济发展水平不同而引起的城市间的空间溢出效应对中国经济发展起到了重要作用,我们试图分析高铁发展是否强化了城市间的经济溢出,进而实现了经济在空间上的分布,有哪些因素会影响高铁的发展效应。其次,新经济地理理论认为地理因素是决定城市之间关系形成的基本要素,高铁发展压缩了城市间的时空距离,在向心力和离心力两种力量的共同演绎下,出现了具有城市层级关系的城市体系。我们将分析在这种城市层级日益明晰的背景之下,人口的流动存在何种特征,在城市内部是否又会对空间结构产生影响。最后,在要素流动的情况下,城市间是否会趋同,即区域一体化是否会产生。同时,经济活动在空间上的高度集聚形成了都市圈,都市圈的出现是城市化过程中的重要阶段,该城市体系由于受到政策的倾斜,可以共享区域性基础设施、提高就业率、分享知识创造的溢出效应,有助于城市产业和人口增长。高铁的发展,一方面决定了经济空间联系和空间形态的演化,对都市圈产生促进城际协作的"同城效应";另一方面又加强了圈内外的空间联系。这两种看似相反的作用究竟哪一方会占据主导地位,这也是我们关注的问题。

1.3 研究目标和研究内容

1.3.1 研究目标

本书拟利用大量的空间矢量数据及跨学科的研究方法来丰富目前这一领域的研究,以可视化处理及计量模型的方法对此问题进行分析论证。

(1) 归纳总结。梳理高铁发展的国内外经验,分析其对城市经济增长与区域空间发展的影响,以及哪些因素会制约或强化这种影响。

(2) 模型建构。在经典的核心—边缘模型基础上,结合高铁发展经验,尝试构建包含两个地区、两种要素、三种产品拓展的核心—边缘模型,推导高铁发展对经济增长与空间分化的影响机制。

(3) 方法创新。尝试使用新的且合理的指标研究高铁发展效应;利用GIS多种类型数据,尝试用可视化的方式分析空间上的变化;突破目前国内仅仅依靠查询售票信息来确定高铁开通与否的唯一指示性变量研究,增加空间距离、交通时间以及铁路、高速公路、港口、路网密度等大量空间矢量数据,使研究更科学。

(4) 实证研究。通过空间及社会经济数据,分析高铁的影响机制。工具变量上使用一些较新颖的构造方式,如基于最小成本路径的高铁网络设计、夜间灯光数据、全球人口动态分布数据利用等。

1.3.2　研究内容

根据中长期铁路网规划,我们以京沪、京广、京哈、沿海、陇海、太青、沪昆、沪汉蓉为骨架的"四纵四横"线路(截至 2015 年底)作为我们研究的高铁网络主体,并结合铁路与公路网实证研究高铁开通对区域空间的影响。

第一,高铁发展对经济分布的影响。

经济活动受到货物运输及客运交通的影响,企业的生产行为依赖于原材料、劳动力及产品的流动,消费者行为也与产品的贸易及自身的出行息息相关。近年来,世界发展银行的贷款约有 20% 用于各国交通基础设施的建设,该比例甚至高于其对扶贫项目的投资比例。大规模交通基础设施作为降低交易成本的工具,对促进要素的流动、增强区域联结和提高经济效率有着重要作用。从普通道路到快速公路,从普通轨道交通到高速铁路,交通运输技术本身也经历了巨大的变化,影响着经济活动的空间分布、产业集聚与城市化过程。高速铁路的开通,改变了城市在区域中的地位,极大地降低了沿线城市间的贸易成本,这一变化能否促进沿线城市的经济增长? 有哪些因素可能会影响高铁作用的发挥? 这是我们首先关心的问题。

第二,高铁发展对人口流动、城市郊区化的影响。

全世界范围内的城市化都经历了集聚与扩散的过程。Dixit-Stiglitz (1977)提出冰山成本理论,并通过垄断竞争模型解释了贸易成本与核心—边缘城市模型的关系。Helpman 和 Krugman(1985)在前人的基础上分析了市场规模在核心—边缘城市关系中的作用,他们认为贸易成本的降低会促进中心城市的进一步集聚。Baum-Snow 等(2012)在对中国城市化的研究中发现,伴随着中国的城市化,产业的扩散也同时进行,中心城市的人口数量以较高速度增长,而外围城市却同时经历着工业化的快速发展。他们认为,道路与铁路的建设是引起中国城市化及产业扩散的主要因素。一方面,高铁网络通过城市人口向高铁沿线城市流动、中小城市人口向特大城市流动、城市产业集聚以及产业结构的调整来影响我国的城市化格局,对我国的经济和人口增长有明显促进作用。另一方面,城市化本身也会带来资本要素价格的上涨及土地成本的增加,在市场调整下产业的外迁会对城市经济起到相反的作用。那么,这样一种效果在高铁影响范围内表现出何种特征? 从区域角度来看,高铁促进了人口从相对欠发达的西部流向了东部地区和沿海地区,还是相反? 不同等级的城市受到的影响是否存在差异? 是什么因素影响着人口的流动。郊区化作为城市化中不可避免的趋势,过去的研究往往关注政策、工业化、外国直接投资(foreign direct investment,FDI)等方面,高铁的发展同时伴随着当地公共服务设施、交通基础设施以及新城的开发,这是否会引起城市空间结构的重塑及郊区化? 这是我们关心的第二个问题。

第三,高铁发展对区域一体化的影响。

全球城市化基本都经历了人口持续集聚、从单中心到多中心城市形态的演变。随着交通基础设施的日益完善,资本、技术、人才、信息等要素呈现出空间区域内的整合,逐步形成了都市圈或者城市群形态的区域空间结构。国家间的竞争越来越表现为都市圈或者城市群的竞争,区域一体化对推动经济社会协调发展起了重要作用。高铁的发展能促进经济、人口及其他要素在空间上的再分配,那么是否能通过打破行政边界限制、促进市场融合进一步促进区域一体化? 国内有三大公认的都市圈,包括沪杭甬、京津冀以及珠江三角洲。高铁的发展能否使得都市圈内的一体化水平提高,又是否会扩大圈内外的差异? 这是我们关心的第三个问题。

1.4　本书的研究方法

高铁发展背景下的中国区域经济与空间分化研究,该题目本身就意味着它属于跨学科的研究。因此,在研究方法的选择上也需要体现这一特点:不仅包含了产业经济学和计量经济学内容,同时还涉及空间经济学、国际贸易学、城市规划学及地理学等相关学科内容。综上所述,本书主要采用以下研究方法:

(1)理论研究与实证研究相结合的方法。

在探讨高铁网络对经济增长的作用机制时,既需要借鉴国内外前沿理论的研究成果,也需要用到相应的理论研究方法;而在研究中国高铁网络对经济增长及城市化的实际影响时,本书则需要利用较长时间内的大量面板数据来对两者的关系进行实证研究。

(2)比较分析和动态分析相结合的方法。

一方面,在不同的区域内,高铁带来的集聚效应是不同的,这就需要运用比较分析法来对比考察;另一方面,历年大都市区域对高铁效应的影响都不是一成不变的,因此需要用动态分析方法来对两者发展及变化趋势进行考察。

(3)定性分析和定量分析相结合的方法。

本书首先对高铁发展与经济增长、城市化的关系进行一系列定性讨论,然后以此为基础对高铁发展与区域经济的相互关系进行大量定量分析。例如,在定量分析部分,本书采用了大量的计量经济学模型,以此来估计高铁发展对中国区域经济的影响。

为了在国内已有研究高铁方法的基础上做进一步改进,本书需要对高铁网络的构成进行数字化处理,我们将通过纸质版地图数字化,通过 ArcGIS 结合百度 API 查询的所有高铁站点经纬度来生成数字化地图;拟自然实验的前提条件是解决分组的内生性问题,本研究利用 ArcGIS 及最小生成树算法构建一个区别于传统经济学研究所利用的工具变量;为解决 GDP 数据可能不可靠的问题,我们将利用世界夜间灯光地图来提取中国地区的灯光指数作为代理变量进行分析;为识别城市郊区化水平,我们将利用 Landscan 全球动态人口分布数据地图进行分析;空间距离提取可以通过 ArcGIS 来完成。本书的技术路线如图 1-3 所示。

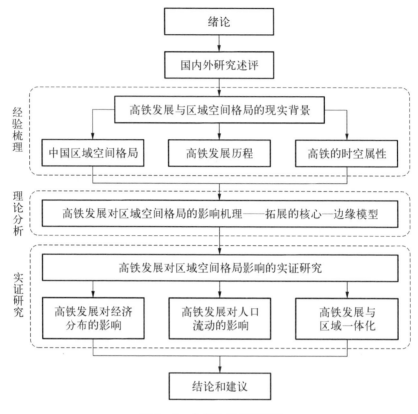

图 1-3　本书的技术路线图

1.5　本书的贡献

大规模交通基础设施的发展对区域经济及空间结构的影响是国内外学者关注的问题之一,本书的创新性主要体现在以下几方面:

第一,国内学者对于这一问题的研究,主要从交通基础设施的投资及对运输规模影响的角度来进行,将交通基础设施看成引起经济增长的一个资本要素,关于高铁的研究亦是如此。而从空间视角的研究,大多仅仅简单地关注省域间的溢出效用,一般通过构建空间计量模型来实现,量化分析空间要素(如距离、位置、土地利用信息等)的研究较少。本书将在这方面予以完善。

　　第二,国外学者在空间经济学理论的基础上,对这一领域进行了丰富拓展。尽管如此,目前国外的研究很少涉及中国的数据,尤其是对中国高速铁路以及区域空间的研究较少,这可能是受到国家规模和城市化特征差异的影响。在一些关于中国空间问题的研究中,主要使用地市层面的数据,而没有使用信息更加丰富的县域层面的数据,本书也将弥补国外学者在这方面的不足。

　　第三,关于大规模交通基础设施的经济学文献,主要集中在高速公路、普通铁路,而很少涉及高铁。为数不多的关于高铁的研究,仅仅选择单条线路作为样本,或者通过查询铁路网上购票系统来判断是否开通地铁。从目前的研究来看,由于样本选择及模型设定的不同,部分学者的研究结论仍然存在争议。本书将高铁在城市化过程中起到的集聚与扩散作用做了统一。

　　第四,本书将通过 ArcGIS 与百度 API 自行建立高铁网络的矢量地图,结合中国行政区划地图,对高铁在区域空间格局中的作用进行全面准确的研究。本书还将利用大量 GIS 矢量和栅格数据进行实证分析,比如,用卫星灯光地图确定城市边界,通过城市空间结构的不同模式检验城市郊区化程度,利用城市边界的灯光强度变化检验区域一体化程度。

第 2 章

相关研究述评

关于交通基础设施的问题,在不同学科均有涉及。本章将简要梳理交通
基础设施及高速铁路在空间经济方面的一些研究,让读者对其作用有大致的
了解。

2.1 评价交通基础设施经济效应的常见方法

交通基础设施建设作为促进国家和地区经济社会发展的重要手段,历来
受到政府管理者和学者的关注。尽管在项目本身的投资收益上,交通基础设
施投资经常不能达到预期的目标①,但是在中介角色上,它在促进贸易、就业、
经济增长等方面的作用越来越得到认可。我们将对目前常用的关于交通基础
设施作用的研究方法进行梳理:从最基本的微观视角的成本收益评估方法,
到更大范围的区域经济以及长期经济增长的研究方法。在经济学研究中,这些
方法通常不会被单独使用,而是基于不同目的交互使用,共同得出研究成果。

2.1.1 基于微观视角的项目评估

这类方法主要分析交通基础设施使用者的直接收益,如出行成本与收益,

① 《2016 年全国公路统计公报》显示,公路总体上收不抵支。2016 年度,全国收费公路通
行费收入为 4 548.5 亿元,较 2015 年底增加了 450.7 亿元,增长了 11.0%;支出总额为 8 691.7 亿
元,较 2015 年底增加了 1 406.7 亿元,增长了 19.3%;通行费收支缺口达 4 143.3 亿元,较 2015 年
底增加了 956.0 亿元,增长了 30.0%。

常见于交通工程领域的研究。成本—收益方法可以较好地利用现有数据或者通过模型计算进行分析,并且得出最直观准确的结论,如建设与维护成本、使用者需求的变化、交通时间的变化等。交通成本变化所带来的外部性变化可以用影子价格来进行估算,许多地方政府利用现有的研究来制定评估标准(如空气污染、交通事故损失)。这类研究常关注消费者通勤时间的减少(成本减少)、汽车运营成本的变化(如汽油的使用、折旧等)、交通事故率、汽车排放、噪声及其他与交通相关的成本问题。尽管微观视角的项目评估因简单实用而被广泛使用,但这种方法也存在局限性。一方面,基于微观视角的项目评估并不能发现所有可能存在的经济效用或问题。这种方法通常不能区分交通基础设施使用者与非使用者的效益差别,这也是项目建设不可避免的问题。利益获得者与非利益获得者通常不能被有效识别与区分(Levinson,2002)。很少有人关注交通基础设施投资对社会分化的作用(Church et al.,2000)。更重要的是,一些影响不能直接量化,如环境问题以及城市空间问题等。另一方面,该方法存在大量的不确定性。使用成本—收益方法来估算回报率或者净现值经常与一些特殊的假设条件及投入要素相关联(Ashley,1980),在交通基础设施评估中,折旧率的选择尤为重要,因为设施使用周期长且要预支巨大的成本费用。

2.1.2　土地利用与空间发展

正如上节所述,基于微观视角的交通基础设施经济效益分析存在识别上的困难。除了来自出行预测及经济分析的不确定性之外,使用者的收益所依赖的交通网络也会因为出行模式的变化而发生变化。特别地,长期区位的变化也会导致对交通设施作用及使用者收益的低估。基于土地及空间方法的度量,成为评价交通基础设施的另一种合适方法,这种方法被较多地应用于地理学及经济学的空间分析。随着计算机技术的普及,研究者们会进行要素的空间分布分析,通过描述性统计或者通过与交通基础设施相关的速度、成本等参数设置进行仿真模拟,如可达性分析、密度制图或者最优路径分析等。特别地,一些算法可以通过构建一个模型来估计经济效用,例如,MEPLAN 模型可以利用投入产出表来分析人口变化所带来的经济效应与产业增长;PECAS模型可以利用高速公路网络来计算通勤与运输的距离及成本,以此分析土地需求与价格;TELUM模型可以通过土地利用来计算交通网络的通达时间所带来的总体经济效用。如今在实证经济中越来越常见的反事实研究往往通过诸如此类的方式来构建,这种跨学科的技术手段丰富了经济学研究的内涵,也使研究结论更具准确性。

2.1.3 区域经济模型

无论是在早期的交通工程领域还是地理学领域,交通基础设施的经济效用大多局限于单个项目,依赖于传统的成本—收益方法。这些方法多被用来分析交通基础设施在城市内部或者区域内部的效用。随着交通基础设施的不断完善,区域间贸易往来与交流逐步完善,交通基础设施的影响范围已经超越了所属区域,因此需要更好的工具来研究更广范围的设施。随着可计算一般均衡模型(CGE)框架的出现,政策分析有了更严密的逻辑工具。经济学领域也用此方法来构建区域经济模型,研究交通基础设施投资在区域范围内的作用,通过成本的降低及生产率的提高,该模型可以估计就业、收入及增加值等方面的问题。区域经济模型将供给、需求与价格共同融入总体经济,应用在交通基础设施上,可以给出一个清晰的空间结构,交通网络的变化影响到价格在空间范围内的差异,因此会影响到社会生产与福利供给。

2.1.4 总体经济增长分析

在较大空间范围内的交通基础设施经济效用实证模型有许多种。前文所提到的区域经济模型可以被推广到国家层面,用来分析交通基础设施的长期作用,包括经济增长、人口、收入或者其他产出。比如 Aschauer(1989)和 Munnell(1990)使用时间序列数据,将公共基础设施投资看成一项要素投入,以分析基础设施对经济增长的影响。Fogel(1964)分析了19世纪的铁路和美国经济增长,他将铁路的累积经济效用与早前的运河系统进行了比较。

Foegel 发现铁路对经济增长的年贡献率约为 0.4%,他也因此获得了诺贝尔经济学奖。如今,越来越多的研究从宏观角度分析交通基础设施的作用,并借鉴了各领域的方法,丰富了经济学的研究。

2.2　交通基础设施空间经济效应的实证文献

2.2.1　交通基础设施的投资与增长

交通基础设施对于经济增长的重要性,无论是在历史变迁,还是在现实发展中,都至关重要。作为关系民生及社会经济发展的重要基础设施,交通基础设施长期以来受到学者的关注(刘生龙、胡鞍钢,2010)。随着高速公路、高铁网络的发展完善,技术、资本、信息等要素流通日益高效。交通基础设施建设过程中需要大量投资,包括机车车辆、火车轨道、其他导轨、路权维护、控制设备、码头、车站、停车场、维修设施和发电设施,相关运输服务工作(司机、维修工、行政和其他运输机构工作人员)以及购买持续运营所需的物质(包括汽车燃料、电力、维修零部件和材料)等。因此,交通基础设施投资项目可以直接创造短期的建造就业岗位以及长期的运营就业岗位,产品的购买会间接影响行业活动和未来的就业,建筑工人、运输业服务人员以及供应商收入的增长可以进一步拉动商业零售和服务消费,从多方面拉动经济增长。已有较多研究关注交通基础设施投资的直接或间接效应,如美国的亚特兰大 MARTA 对全州范围内就业和工资的经济效用研究(Tranners and Jones,2007)、美国俄克拉何马州交通影响研究(Johnson,2003)、威斯康星州交通影响研究(Cambridge Systematics and EDR group,2003)、芝加哥过境经济影响研究(EDR group et al.,2007)以及加州高铁环境影响研究(Cambridge Systematics and EDR group,2007)等。Knaap 等(2001)使用空间可计算一般均衡模型,估计了荷兰地区重大交通基础设施项目对经济的间接影响。

在国内研究方面,刘育红(2012)利用协整理论和格兰杰因果关系检验法,对 1980—2010 年"新丝绸之路"交通基础设施投资与经济增长关系进行了论证。研究表明,交通基础设施的投资与经济增长保持着长期的协整关系,且交通基础设施的投资与经济增长互为因果关系。李涵和黎志刚(2009)基于中国制造业企业面板数据,估计了交通基础设施投资对企业库存的影响。研究发现,高等级公路的建设显著降低了我国制造业企业的库存资金占用,而普通公路和铁路的投资对企业的存货水平没有显著的影响。蒋茂荣等(2017)基于中国 2012 年投入产出表,利用投入产出技术和计量经济学模型,通过重新刻画投入产出模型中农村居民、城镇居民部门"收入—消费"内生关系,区分高铁与传统铁路在生产结构和投资结构上的差异,构建基于居民消费局部内生化的高铁投资投入产出局部闭模型,评估中国高铁建设投资对经济、就业和能源环境的短期效应。研究发现,中国高铁的投资在明显拉动 GDP 增长的同时,还大量创造了就业岗位。他们认为,尽管高铁的建设投资对环境的影响大于普通铁路,但考虑到未来运营时的清洁、高效优势,高铁建设投资在未来的优势会慢慢显现。

2.2.2　交通基础设施的发展与外溢作用

经济地理学关注的一个重要问题是交通基础设施对整体经济贡献的范围和内在原因。虽然成本效益分析是最直接且目前使用最广泛的方法,但学者们对交通基础设施更广泛的经济效益的兴趣催生了各种宏观研究。贸易成本的降低,会加速地区间人力资本、投资、知识、信息、技术等要素的流动,创造出许多有利于经济增长的外部性。在生产率影响方面,传统的基于项目的收益和成本分析通常不会发现较高的收益率,估计收益的差距通常归因于生产力收益的地理溢出效应,而这种溢出效应并未被分类分析所捕捉(Holtz-Eakin and Schwartz, 1995),甚至一些研究还发现交通基础设施负的溢出效应。比如,Moreno 和 López-Bazo(2007)利用西班牙的相关数据分析了公共资本在区域经济增长空间维度的作用,他们假设基础设施对生产率的影响取决于所讨论的公共基础设施的类型,当地的基础设施可以增强其所在地区的经济活动,而交通基础设施可能在它们所在的地区或其他地区产生正面或负面的溢出效应。研究发现,经济增长与公共资本之间的关系取决于现有的公共资本存量。当地基础设施的回报远大于运输的回报,跨区域运输资本投资存在负面溢出

效应。但更多的研究则是证明了交通基础设施正的溢出效应。Cantos 等
(2005)基于生产率指数回归的会计方法和生产函数的计量经济方法,分析了
交通基础设施对西班牙各个部门经济增长的影响。研究发现,交通基础设施
的总资本和各种基础设施都有非常类似的弹性,结果证实交通基础设施存在
非常显著的溢出效应。Agrawal 等(2016)利用美国专利数据,检验了高速公
路发展对知识溢出的作用。研究发现,若高速公路投资水平提升 10%,可以增
加美国 5 年内的专利申请数量。他们认为,交通基础设施水平的提升有利于
知识的溢出,增加了本地创新主体获取信息的可能性。因此,交通基础设施可
以通过知识的溢出效应来促进区域经济增长。

在国内研究方面,胡鞍钢和刘生龙(2009)基于一个对数生产函数模型,利
用中国省级面板数据,证明了交通运输外部溢出效应的存在。研究发现,交通
运输投资的直接贡献与外部溢出效应之和对经济增长的年平均贡献率为
13.8%。刘勇(2012)通过外地交通基础设施资本存量对本地经济的影响分
析,检验了交通基础设施对中国经济增长的空间溢出作用:总体上交通基础
设施对经济增长呈现正向作用,但是外地的公路、水运交通在不同时间与不同
区域对本地经济表现出异质性。刘勇认为,在经济增长的分析与政策制定过
程中应该考虑空间的相关性。

2.2.3　交通基础设施发展对区域空间格局的影响

经济理论的发展为经济学家们研究增长来源提供了基础。自 Lucas(1988)、
Romer(1986,1990)等人提出内生增长模型后,很多学者开始将交通基础设施当
成引起经济增长的一项投资来研究(Habakkuk,1962;Binswanger,1974)。
Helpman 和 Krugman(1985,1989)、Grossman 和 Helpman(1991)等人提出了
新贸易理论,提出了一系列关于国际贸易的原因、国际分工的决定因素、贸易
保护主义的效果以及最优贸易政策的思想和观点,开创了交通与区位关系的
研究。由于交通问题影响到集聚经济、外部性及规模经济等问题,以 Krugman
(1980,1991)与 Fujita,Krugman,Venables(1999)等人为代表的新经济地理
学派,在保罗·萨缪尔森开创性的冰山成本理论的基础上,将运输成本纳入理

论分析框架之中,开创了空间经济的理论体系。他们在垄断竞争模型的基础上,提出了规模报酬递增的核心—边缘模型、城市体系演变的空间模型及国际贸易模型。作为新经济地理理论的核心,核心—边缘模型提出,决定市场集聚与扩散的因素有三个:一是本地市场效应,指垄断竞争厂商倾向于选择在市场规模较大的地区进行生产,并向市场规模较小的地区出售其产品;二是价格指数效应,指厂商的区位选择对于当地居民生活成本的影响;三是市场拥挤效应,指不完全竞争厂商喜欢在竞争者较少的区位进行生产。前两种效应形成了集聚力,促使厂商的空间集聚;而后一种效应形成了分散力,促使厂商在空间上扩散,贸易成本的大小决定了这两种作用力的大小。李爱国和黄建宏(2006)以现代物流为例论证了这一结论。他们认为,发展有效的现代物流业降低了运输成本,一方面促进区域经济集聚的形成和发展,另一方面也推动经济由集聚中心向外围扩散。通过发展现代物流,可以在一定程度上引导经济活动在空间的集聚、扩散与再集聚、再扩散,从而推动区域经济由非均衡发展向均衡发展转化。陈得文和苗建军(2010)运用 GMM 三阶段最小二乘法实证分析了 1995—2008 年中国省域空间集聚和经济增长的内生关系。研究发现,新经济地理学中的本地市场效应、交通基础设施、知识溢出水平和市场化程度对我国区域空间集聚具有显著的促进作用,且交通基础设施效应随着区域集聚水平的提高呈递减趋势。此外,越来越多学者开始研究交通基础设施与区域空间分化的关系。Chandra 和 Thompson(2000)研究了州际高速公路对美国经济活动的影响,他们发现高速公路引起了经济活动的空间分化,造成了经济活动与劳动力向沿线城市的集聚,沿线城市的收入份额由此发生变化。Duranton 和 Turner(2012)研究了高速公路网络对美国就业及城市经济增长的影响,他们认为高速公路的发展促进了城市间的贸易发展,从而影响就业及经济增长。Garcia-Lopez 等(2015)研究了巴黎大区快速铁路对城市人口扩张的影响。他们利用历史铁路作为工具变量,检验了不同影响范围内快速铁路的作用情况。Baum-Snow(2007,2010)分别研究了高速公路对美国中心城市人口扩张及郊区化的作用,以及高速公路对美国中心城市及郊区通勤模式的影响。Bartelme(2015)利用工具变量检验了美国大都市区 1990—2007 年的数据,研究发现,贸易成本的改变对美国工资及就业水平有着明显的影响。利用估计的系数构建的反事实研究显示,如果去除贸易成本的影响,就业人口将从西北向南及西部流动,并形成扁平化的人口分布。Xu 和 Nakajima(2017)研究了高速公路在中国城郊区域对产业发展的影响。Shiferaw 等(2015)研究了交通基础设施水平对埃塞俄比亚当地企业数量的影响。Donaldson 和 Hornbeck(2016)使用历史数据,从农业土地价格的角度研究了铁路发展对美国经济增长的影响。他们发现 19 世纪铁路的建设大幅度地降低了贸易成本,从而促进了经济增长。Alder(2015)研究了印度"黄金四边形"公路系统对经济增长的影响,并提出如果将中国的高速公路模式复制到印度,可以促进印度中小城市的均衡发展。Qin(2017)利用中国铁路提速作为拟自然实验,分析了交通成本的降低对县域城市经济增长的影响,他认为铁路提速削弱了沿线城市的经济增长。Baum-Snow 等(2016)研究了高速公路对中国城市经济增长的影响,认为高速公路的发展促进了区域中心城市的经济增长,削弱了腹地中小城市的发展。此外,还有一些研究关注劳动力市场需求(Michaels,2008)、长期经济增长(Banerjee et al.,2012)、收入波动(Burgess and Donaldson,2010)以及核心边缘市场的作用(Faber,2014)。

在国内研究方面,魏下海(2010)采用空间计量方法,分析了中国 29 个省区市 1991—2006 年基础设施建设对经济增长的影响。研究发现,我国基础设施和经济增长呈现出明显的空间集群特征,交通基础设施的发展在很大程度上缩短了区域间的空间距离,降低了运输成本和交易费用,促进了区域间经济往来,实现了经济的增长。张学良(2007)通过对中国交通基础设施水平区域差异状况的分析以及交通基础设施水平与区域经济增长关系的面板数据研究,揭示了交通基础设施水平与中国区域经济增长之间的关系。研究发现,中国的交通基础设施与经济增长表现出较强的空间聚集特征,经济增长与交通运输主要集中在东部沿海发达地区,并形成了由东往西逐步递减的梯度。从交通基础设施对经济增长贡献的区域差异来看,中部地区交通基础设施对经济增长的贡献最大,表明交通先行在中部崛起中起着重要的作用。

2.3 高铁空间经济效应的实证文献

2.3.1 高铁发展对经济增长的影响

关于高铁发展对经济增长的效用,大致有三种观点。第一种观点认为,高铁对区域经济增长的作用尚不明晰,即使有影响也是短期影响,而且从长期来看,高铁所连接的边缘区域的经济增长率还会下降。这主要是因为高铁对区域经济增长的影响程度取决于线路布局、建设成本和环境成本等多因素的综合影响(贾善铭、覃成林,2014)。而且,高铁所带来的间接效益很难有效衡量。Andersson(2010)分析了一条连接了台湾七大都市区的高铁,他通过住房市场的特征价格函数来估计高铁可达性的价格,并比较了预先设定的价格函数与特征价格函数。他认为,交通成本的降低意味着通勤范围得到了巨大的扩张。研究显示,高铁的可达性对住房价格的影响较小,高昂的票价以及无法变更的居住区位模式阻碍了台南和其他城市日常通勤的可能性。第二种观点认为,高铁对区域经济增长具有推动作用。董艳梅和朱英明(2016)基于新经济地理学的研究框架,构建了高铁建设对就业、工资和经济增长的模型,运用 PSM – DID 的方法检验了高铁的作用。研究显示,高铁建设对高铁途经城市的就业、社会平均工资和经济增长的总效应显著为正,其弹性系数分别为 0.206 7、0.190 7 和 0.149 1。Baek(2015)验证了高铁对韩国制造业企业生产率的影响,结果显示,高铁的开通将企业生产率提高了约 4.6 个百分点。Beak 认为,这是由于高铁的开通使得城市更容易吸引高技能的年轻劳动力。第三种观点认为,高铁发展对区域经济有着抑制作用。张克中和陶东杰(2016)研究发现,高铁的发展减缓了沿线地级城市的经济增长。对比固定资产投资、FDI 以及人口迁入率等指标,他们认为固定资产投资的下降是造成经济增长减缓的主要原因。类似地,Qin(2017)分析了铁路提速对中国县域经济的影响。研究发现,铁路提速削弱了沿线城市的 GDP 和人均 GDP 的增长。Qin 认为,固定资产投资额的下降是造成这一结果的主要原因。

2.3.2 高铁发展对区域经济发展影响的异质性

高铁发展对核心区域和边缘区域经济发展会产生不同的影响。有部分学者认为,高铁的发展会促进核心地区的经济增长与集聚,削弱边缘地区的经济增长(Vickerman,1997;Prestonand Wall,2008;Hall,2009)。Kim(2000)检验了韩国首尔到釜山的高铁发展对首都都市圈空间结构变化的影响。他使用了一系列指标来分析空间结构,包括基尼系数、地理中心、标准距离及密度函数等,通过 64 个地区的人口及就业数据来观察空间变化情况。研究显示,人口结构从空间上表现出向首尔及其腹地持续集聚,而就业结构则显示出不断扩散的特点。Masson 和 Petiot(2009)指出,交通成本的下降可以促进经济活动的集聚。通过对南欧高铁的研究,他们发现空间竞争可以加强旅游活动在巴塞罗那的集聚而削弱佩皮尼昂在旅游业的优势地位,差异化竞争策略应当是佩皮尼昂的首选。然而,也有学者持不同观点。有学者认为,高铁的发展有利于城市的增长(Komei et al.,1997;Ortegaand López,2012)。Ureña 等(2009)分析了高铁对大中型城市的影响,使用了多层面的分析,包括国家、区域、地区层面,检验了高铁改变城市间时空距离与可达性的能力。他们通过汇总大量数据,厘清高铁如何给大中型城市提供新的机遇。此外,他们还分析了三个高铁建设案例,考虑了特殊的环境及背景因素,明确区分了高铁对城市及地区影响的相似性与差异性。

在国内研究方面,王赟赟和陈宪(2018)发现,高铁的建设减缓了沿线中小城市的经济增速,其原因并非城市化过程中出现的产业扩散,而是由于交通的完善带来的贸易成本下降以及大城市的集聚。这也表明了中国的城市化仍然是以区域中心城市为核心的集聚过程。陈丰龙等(2018)以地级市为研究对象,检验了高铁发展对中国城乡居民收入差距的影响。研究显示,高铁发展总体上缩小了城乡居民的收入差距,但在中东部地区及大都市区域有着更加积极的作用,是否为始发站城市对结果产生异质性影响。

2.3.3 高铁发展对区域空间格局的影响

Sasaki(1997)基于一个简单的以供给为导向的区域经济计量模型,评估了高速铁路运输即日本新干线网络对经济活动和人口空间分布的影响,并对新干线网络的其他假设情景进行了模拟分析。研究发现,更密集的新干线网络不一定有助于区域分散。Lin(2017)利用中国地级市数据,检验了高铁对中国专业化分工的作用,认为高铁对劳动力就业影响存在异质性,并促进了服务性行业劳动力的集聚。Zheng 和 Kahn(2013)研究了中国高铁对沿线城市的影响,认为高铁能促进沿线中小城市的发展,发挥整合区域经济的作用。Monzón 等(2011)基于地理信息系统支持的可达性指标,构建了评价高铁效率影响与空间影响的方法。他们认为,当新的高铁项目建成时,城市地区会受益于可达性的显著改善。这些改善主要是由于效率的提高,产生了区位优势,增强了这些城市的吸引力,从而可能增强了它们的竞争力。然而,其中可能存在股权问题,因为可达性收益主要集中在高铁站所在的城市地区,而其他地区只能获得有限的收益。高速铁路的延伸可能会导致空间失衡的加剧,并导致空间发展更为两极化。因此,评估高铁的空间影响程序必须遵循双重方法来处理效率和公平问题。王雨飞和倪鹏飞(2016)检验了高铁对中国区域经济增长及其结构变化的作用,认为高铁的建设促进了城市间的知识溢出,并大大缩短了城市间的时空距离。张克中和陶东杰(2016)研究了中国高铁对地级城市的经济分布效应,他们认为高铁的发展带来的虹吸作用减缓了沿线地级城市的经济增长,有利于大城市资源的集聚。石林等(2018)发现,高铁的开通对区域一体化存在明显的促进作用,且这种作用呈现明显的梯度差异。他们认为,高铁的发展有利于经济发展梯度效应的实现,推动区域协调发展。王春杨和吴小文(2018)利用长江经济带地级市数据,检验了高铁建设对区域创新空间结构的影响。研究显示,高铁建设显著缩短了长江经济带高铁沿线各城市间的时空距离,促进其创新产业增长;高铁的开通对中西部城市创新产出的溢出效应明显,有利于形成东中西创新联动格局,同时拉大了高铁和非高铁城市之间的创新差距,区域创新空间格局的非均衡发展趋势较为明显。

2.4 本章小结

本章分别从评价交通基础设施经济效应的常见方法、交通基础设施空间经济效应的实证研究及高铁空间经济效应的实证研究三个方面,梳理了交通基础设施及高铁发展对经济增长及区域空间格局影响的研究。

第一,从研究方法来看,交通基础设施的经济效应包括直接效应、间接效应及综合效应。从影响范围来看,交通基础设施的经济效应包括了投资效应、溢出效应及区域空间效应。

第二,研究大规模交通基础设施的发展对区域经济增长及空间结构的影响是国内外学者关注的问题之一。国内学者对于这一问题的研究,主要从交通基础设施的投资及运输规模的影响角度来进行,将交通基础设施看成是引起经济增长的一个资本要素。而从空间视角的研究,大多关注省域间的溢出效应,一般通过构建空间计量模型来实现,很少将空间要素量化分析(例如距离、位置、土地利用信息等),这可能是因为学科专业的限制。

第三,国外学者在空间经济学的理论基础上,对这一领域进行了拓展。尽管如此,目前的国外研究很少涉及中国的数据,尤其是对高速铁路以及区域空间的研究,这可能是受国家规模和城市化特征差异的影响。

第四,目前关于高铁发展对区域经济增长的作用还没有一致结论,特别是在虹吸作用机制上没有清晰的识别,大多学者将投资的减少归因于核心城市的集聚,却没有证明核心城市在投资上的相对增长。

基于以上四点,本书将在这些文献的基础上,利用空间经济学、城市经济学以及国际贸易等多个学科的知识及研究方法将高铁与经济学纳入研究框架中。从经济分布、人口流动与区域一体化三个方面考察高铁对区域经济空间格局的影响,以丰富该领域的研究。

第 3 章

高铁发展与区域空间格局

中国的铁路规划强调了高速铁路在中国区域发展中的作用。因此,我们有必要从认识中国的区域空间格局开始,理解高速铁路与中国区域发展的关系。

3.1 中国区域空间格局

3.1.1 经济空间分布

自改革开放以来,中国进入了经济高速增长的阶段。由于国家的政策影响,我国经济分布存在明显的区域差异,东部沿海地区引导着国家的生产和技术创新。2000 年以来,国家逐渐开始实施振兴西部的区域协调政策,战略重心也逐渐从东部沿海地区转向内陆。从图 3-1 可以看到,21 世纪初,中国的

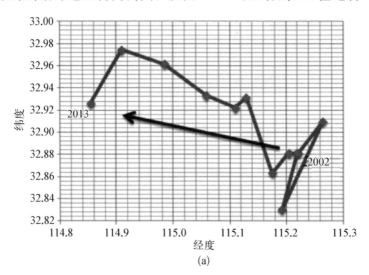

(a)

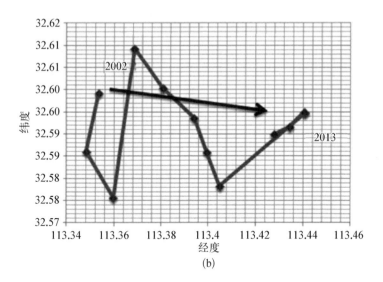

图 3-1　2002—2013 年中国经济与人口重心变动轨迹

(a) 2002—2013 年 GDP 重心轨迹；(b) 2002—2013 年人口重心轨迹。
资料来源：作者通过计算获得。

GDP 重心位于(115.2，32.88)，经过 10 年的发展，到 2013 年 GDP 重心已向西北移动到(114.8，32.92)[①]。然而，由于自然因素及过去长期积累下来的优势，人口依然表现出自西向东的流动特征。

国家统计局数据显示，2016 年，我国人均 GDP 位居前三的城市分别是北京(118 198 元)、上海(116 562 元)及天津(115 053 元)(见表 3-1)。从全国分布来看，第一个六分位数的省市主要集中于东部沿海发达地区，包括苏、浙、沪及京、津等地，其他地区相对较低(见图 3-2)，人均可支配收入也表现出相似的分布特征(见图 3-3)，固定资产投资规模较大的地区则主要集中在长江经济带及山东半岛地区(见图 3-4)。人口则主要集中在中部及东部地区，从图 3-5 可以看出，相对于人均 GDP 和人均可支配收入的集中分布，人口规模在全国范围内的分布相对均衡。

---

① 该指标依据物理学的重心概念，通过对各城市相关坐标加权求和获得。

表 3-1 2016 年我国经济指标概览

地　区	人均 GDP/元	年末常住人口/万人（常住口径）	全社会固定资产投资/亿元	居民人均可支配收入/元
北京市	118 198	2 173	7 943.89	52 530
天津市	115 053	1 562	12 779.39	34 074
河北省	43 062	7 470	31 750.02	19 725
山西省	35 532	3 682	14 197.98	19 049
内蒙古自治区	72 064	2 520	15 080.01	24 127
辽宁省	50 791	4 378	6 692.25	26 040
吉林省	53 868	2 733	13 923.2	19 967
黑龙江省	40 432	3 799	10 648.35	19 838
上海市	116 562	2 420	6 755.88	54 305
江苏省	96 887	7 999	49 663.21	32 070
浙江省	84 916	5 590	30 276.07	38 529
安徽省	39 561	6 196	27 033.38	19 998
福建省	74 707	3 874	23 237.35	27 608
江西省	40 400	4 592	19 694.21	20 110
山东省	68 733	9 947	53 322.94	24 685
河南省	42 575	9 532	40 415.09	18 443
湖北省	55 665	5 885	30 011.65	21 787
湖南省	46 382	6 822	28 353.33	21 115
广东省	74 016	10 999	33 303.64	30 296
广西壮族自治区	38 027	4 838	18 236.78	18 305
海南省	44 347	917	3 890.45	20 653

续　表

地　区	人均GDP/元	年末常住人口/万人(常住口径)	全社会固定资产投资/亿元	居民人均可支配收入/元
重庆市	58 502	3 048	16 048.1	22 034
四川省	40 003	8 262	28 811.95	18 808
贵州省	33 246	3 555	13 204	15 121
云南省	31 093	4 771	16 119.4	16 720
西藏自治区	35 184	331	1 596.05	13 639
陕西省	51 015	3 813	20 825.25	18 874
甘肃省	27 643	2 610	9 663.99	14 670
青海省	43 531	593	3 528.05	17 302
宁夏回族自治区	47 194	675	3 794.25	18 832
新疆维吾尔自治区	40 564	2 398	10 287.53	18 355

注：以上经济指标统计中不含港、澳、台地区，下文的统计数据如无特别说明均不含港、澳、台地区。

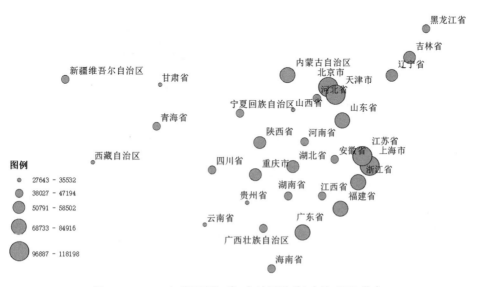

图 3-2　2016 年我国(港、澳、台地区除外)人均 GDP 分布

图 3-3　2016 年我国(港、澳、台地区除外)人均可支配收入分布

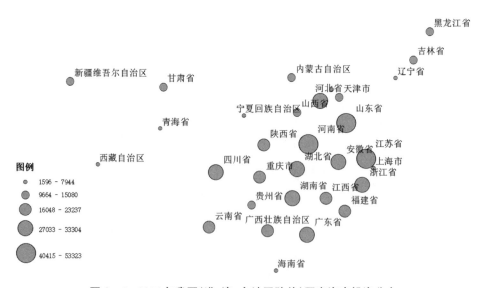

图 3-4　2016 年我国(港、澳、台地区除外)固定资产投资分布

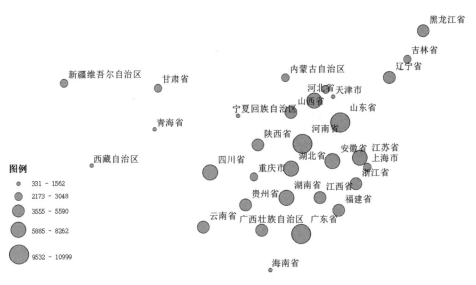

图 3‐5　2016 年我国(港、澳、台地区除外)人口分布

3.1.2　经济空间的相关性

为了进一步分析地区发展水平在空间上的关系,我们绘制了地市层面相关指标的全局 Moran's I(莫兰指数)散点图。如图 3‐6 所示,在地市层面,人均 GDP、人口及固定资产投资在空间上表现出较明显的相关性。其中,人均

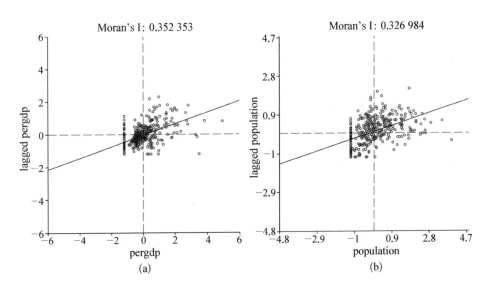

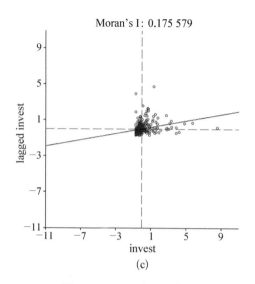

图 3 - 6 Moran's I 散点图

(a) 人均 GDP；(b) 人口；(c) 固定资产投资。

GDP 与人口在空间上表现出高水平或者低水平的相关性（一、三象限），固定资产投资则表现出高水平上的相关性（第一象限）。

从笔者计算的 LISA 分布来看，人均 GDP 与固定资产投资基本一致地表现出发达地区的高度集聚，那些位于珠三角、沪杭甬以及京津冀三大都市圈的城市都有着较高的水平以及空间相关性，而西部地区则基本都维持着较低的水平，表明目前中国的城市化是以都市圈为特征的城市群集聚。

3.2 高铁的发展历程

3.2.1 世界高铁发展历程

目前世界上已经有中国、西班牙、日本、德国、法国、瑞典、英国、意大利、俄罗斯、土耳其、韩国、比利时、荷兰、瑞士等 16 个国家和地区建成运营高速铁路。据国际铁路联盟统计，截至 2013 年 11 月 1 日，世界其他国家和地区高速铁路总营业里程达 11 605 公里，在建高铁规模达 4 883 公里，规划建设高铁 12 570 公里。全世界第一条投入商业营运的时速超过 200 公里的高速铁路系统是 1964 年开通的日本新干线（Shinkansen）。此后，法国、德国、意大利、西班牙等欧洲大部分发达国家，也相继开始修建高速铁路，并逐步形成了连接欧洲各国的高铁网络。法国的 TGV 东南线和 TGV 大西洋线、意大利的罗马-佛罗伦萨的 ETR 系统、西班牙的 AVE 系统时速均超过 300 公里。20 世纪 90 年代中期后，韩国、美国、澳大利亚以及中国台湾等国家和地区开始了新一轮高速铁路建设高潮。高铁的建设改变了传统交通运输对环境影响的弊端，减少了土地使用面积，促进了人口稠密的沿线区域房地产、工业制造等相关产业的发展，取得了巨大的社会和经济效益。经历了 50 多年的发展，高铁技术不断进步，成为许多国家交通运输的重要方式。

根据国家铁路局的定义，高铁为新建设计速度 250 公里/小时及以上动车组列车，初期运营速度不小于 200 公里/小时的客运专线铁路①。目前高铁分为四种类型：① 专线模式，其特点是高铁和传统铁路完全分离，拥有各自的基础设施。这是自 1964 年以来日本新干线使用的模式。② 混合模式，高速列车在新建专线或在常规铁路升级段上运行。这相当于法国 TGV 模式，这个模式的主要优点是建设成本较低。③ 混合常规模式，即高速线路运行一些传统列车，如西班牙的 AVE 模式。这种模式的主要优点是降低了机车车辆购置和维护成本。④ 完全混合模式，两种类型的火车可以在两种类型的铁轨上以相应的速度运行。德国城际列车 ICE 和意大利的罗马-佛罗伦萨线就是这种情况（见图 3-7）。

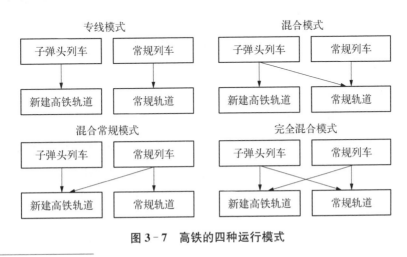

图 3-7　高铁的四种运行模式

① 资料来源：国家铁路局官网。

3.2.2　中国高铁发展历程

中国高速铁路(CRH)建设始于2004年1月国家批复的《中长期铁路网规划》,规划确定铁路网要扩大规模,完善结构,提高质量,快速扩充运输能力,迅速提高装备水平。该规划确定到2020年,全国铁路营业里程达到10万公里。2008年10月,国家批准《中长期铁路网规划(2008年调整)》,确定到2020年全国铁路营业里程达到12万公里以上,其中客运专线达到1.6万公里以上,复线率和电化率分别达到50%和60%以上;基本形成布局合理、结构清晰、功能完善、衔接顺畅的铁路网络,运输能力满足国民经济和社会发展需要,主要技术装备达到或接近国际先进水平。与此同时,国家铁路局明确:高铁建设贯彻国家总体发展战略,统筹考虑经济布局、人口和资源分布、国土开发、对外开放、国防建设、经济安全和社会稳定的要求,并体现主体功能区规划明确的促进区域协调均衡发展的方向;重点规划"四纵四横"等客运专线以及经济发达和人口稠密地区城际客运系统。

"四纵"客运专线:

(1)北京—上海客运专线,包括蚌埠—合肥、南京—杭州客运专线,贯通京津至长江三角洲东部沿海经济发达地区。

(2)北京—武汉—广州—深圳客运专线,连接华北和华南地区。

(3)北京—沈阳—哈尔滨(大连)客运专线,连接东北和关内地区。

(4)上海—杭州—宁波—福州—深圳客运专线,连接长江、珠江三角洲和东南沿海地区。

"四横"客运专线:

(1)徐州—郑州—兰州客运专线,连接西北和华东地区。

(2)杭州—南昌—长沙—贵阳—昆明客运专线,连接西南、华中和华东地区。

(3)青岛—石家庄—太原客运专线,连接华北和华东地区。

(4)南京—武汉—重庆—成都客运专线,连接西南和华东地区。

根据《中长期铁路网规划(2008年调整)》,通过以京沪、京广、京哈、沿海、陇海、太青、沪昆、沪汉蓉为主骨架的"四纵四横"高速铁路网,连接21个区域中心城市。"四纵四横"线路开通时间表如表3-2所示。

表 3‑2　我国"四纵四横"线路开通时间表

线　　路		全长/km	设计时速/(km/h)	主线开通时间
"四纵"	京沪高速铁路	1 318	350	2011 年 6 月 30 日
	京港客运专线	2 250	350	2011 年 12 月 26 日
	京哈客运专线	1 612	350	2012 年 12 月 1 日
	杭福深客运专线	1 600	350	2013 年 7 月 1 日
"四横"	徐兰客运专线	1 400	250～350	2016 年 9 月 10 日
	沪昆高速铁路	2 080	350	2014 年 12 月 10 日
	青太客运专线	906	200～250	2014 年 3 月 16 日
	沪汉蓉高速铁路	1 600	160～350	2014 年 7 月 1 日

　　虽然中国高铁建设起步较晚,但在短短几年时间内,中国已经成为世界上高速铁路运营里程最长、在建规模最大的国家。自 2008 年 8 月 1 日开通运营第一条即时速度达 350 公里的京津城际高速铁路,到 2015 年底,我国高速铁路运营里程已达 1.9 万公里,"四纵四横"初具规模。中国高速铁路的快速发展,一方面带动了世界上其他国家的高铁建设,另一方面,中国在高速铁路技术领域的迅速成熟,也从高铁技术引进转向高铁技术输出。2010 年 12 月,中国铁道部与保加利亚、斯洛文尼亚等四国政府以及一些跨国企业签署了战略合作协议。2014 年,中国参与东盟高铁建设,推动"21 世纪海上丝绸之路"物流网的发展以及中国与东盟之间的经济贸易合作。此外,中国还与巴基斯坦、土耳其、沙特阿拉伯、印度尼西亚以及非洲部分国家有了高铁战略合作。

3.3　高铁发展与区域空间的相关分析

3.3.1　高铁发展的空间属性

　　由于高铁提升了所在地的区位优势,因而形成了以高铁腹地为集聚区的空间特征。从目前的高铁服务距离来看,其沿线 50 公里之内的腹地,占有全国土地面积的 13％、人口数量的 66％以及 GDP 产值的 51％;其沿线 100 公里之内的腹地,覆盖了全国 20％的土地面积,占有全国 77％的人口以及 67％的 GDP 产值①。从这个数据不难发现,高铁影响的腹地以其较小的土地承载了较大的经济人口,同时相对于经济规模而言,人口还有较大的集聚空间。

从空间尺度来看,随着到高铁站距离的增大,高铁的影响作用也逐渐减弱。如图 3 - 10 所示,城市到高铁站的距离与城市人口规模呈负相关关系,距离每增加 1 公里,平均减少约 375 人;类似地,城市到高铁站的距离与 GDP 也呈负相关关系,距离每增加 1 公里,平均减少约 2 472 元(见图 3 - 8 和图 3 - 9)。

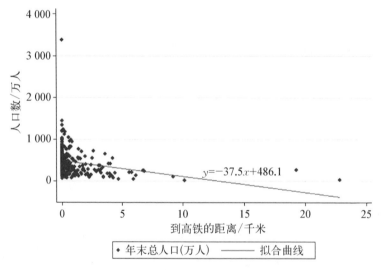

图 3 - 8　人口与城市到高铁站距离的关系

3.3.2　高铁发展的时空格局

除了与经济社会在空间结构上存在相关关系,高铁的发展也影响着我国的时空格局。2007 年,武汉市 3 小时通勤圈还仅仅在湖北省内,到了 2008 年

---

① 本书距离指城市行政边界到高铁沿线的最近距离。

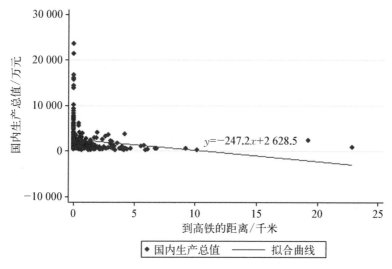

图 3 - 9　GDP 与城市到高铁距离关系

这一范围已经扩大到了长三角地区,对时空格局产生了巨大的影响。依据现有的高铁网络,本书描绘了相关地区的可达性。图 3 - 10 显示,目前的高铁服务水平自东向西呈递减趋势,即东部享有密集程度最高的高铁网络,中部与西部相对较弱,并且 1 小时通勤范围已经覆盖了珠三角、沪杭甬以及京津冀三大都市圈。从本书描绘的高铁 2 小时通勤范围来看,东部已形成连绵城市群,高铁沿线地区的大小城市已具有较高一体化程度。

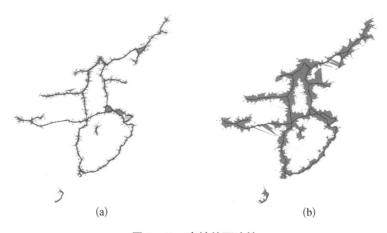

图 3 - 10　高铁的可达性

(a) 高铁 1 小时通勤范围;(b) 高铁 2 小时通勤范围。

在交通成本降低的同时,社会经济活动的联系变得更为紧密,信息流动也变得更为高效。例如,高铁的开通拉近了媒体与企业的距离,使得企业的更多信息得以向公众展示。图3-11显示,随着上市公司到相关媒体所在城市交通时间的缩短,被媒体报道的次数显著增加,两者存在显著的负相关性。

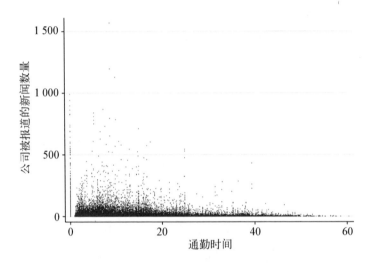

图3-11 交通时间与公司被媒体报道的新闻数量

3.4 本章小结

本章分别从中国区域空间格局、高铁的发展历程以及高铁发展与区域空间的相关分析等方面,分析了本书的研究背景。

第一,自改革开放以来,中国进入了经济高速增长的阶段。由于国家的政策影响,我国经济分布上存在明显的区域差异,东部沿海地区引导着国家的生产和技术创新。2000年以来,国家逐渐开始实施振兴西部的区域协调政策,经济重心表现出自东向西的移动轨迹。由于自然因素及过去长期积累下来的优势,人口依然表现出自西向东的流动特征。

第二,虽然中国高铁建设起步较晚,但在短短几年时间内,中国已经成为世界上高速铁路运营里程最长、在建规模最大的国家。自2008年8月1日开通运营第一条即时速度 350 公里的京津城际高速铁路,到 2015 年底,我国高速铁路运营里程已达 1.9 万公里,"四纵四横"初具规模。

第三,目前经济社会分布在空间上呈现出较明显的集聚特征,珠三角、沪杭甬、京津冀三大都市圈以及长江经济带成为社会经济要素集聚的重心。

第四,中国自 2004 年颁布实施《中长期铁路网规划》以来,高速铁路成为降低交通成本、紧密联系区域与城市的重要纽带。1 小时通勤圈覆盖了三大都市圈,2 小时通勤圈已形成东部大小城市的连绵城市群,时空距离的缩短也加速了要素的流动,促进了区域一体化的进程。

第 4 章

高铁发展的空间经济效应：
理论模型

高铁的发展经历初始、发展及成熟阶段，不同阶段显现出不同的效应。本章将基于一个空间模型，详细分析高铁发展的空间经济效应。

4.1 高铁发展对空间格局的影响机理

4.1.1 初始阶段——投资拉动效应

作为一项大规模基础设施工程，高铁建设投资规模大、工期耗时长。从市域角度来看，在高铁建设周期中产生的投资乘数效应能拉动相关行业发展，从而促进经济增长。一方面，高铁投资建设的四个行业包括建筑业、交通运输装备制造业、通用和专用设备业以及计算机和其他电子设备制造业，在拉动这些行业发展的同时，与它们相关的上游行业也会从中获益。同时，高铁投资建设过程中会给当地创造大量就业岗位，提高居民收入与消费水平，进一步拉动经济增长。另一方面，高铁建设的同时，围绕高铁站点区域的公共服务设施开发以及交通设施水平的提升，会形成城市新的增长极，重塑城市的空间结构。

4.1.2 发展阶段——集聚与扩散效应

一方面，高铁的开通降低了贸易成本，增强了城市的可达性。由于区位因素的存在，核心城市的生产相对于边缘城市有着天然的比较优势，包括交通、知识和人力资本等要素。贸易成本的降低必然进一步增强北京、上海、广州、深圳等核心城市的可达性,提升核心城市的区位优势,也势必进一步加速人口和经济要素的集聚。另一方面,由于核心城市人口的不断集聚,土地价格上升,不断加剧的产品竞争会增加核心城市的生产与生活成本。高铁的开通降低了核心城市与周围中小城市的交通成本,方便了相关要素的扩散。同时,位于核心城市周围的中小城市由于缩短了与核心城市的时空距离,与核心城市的可达性差异也大幅缩小。在这样的趋势之下,高铁的发展也会促进发达地区核心城市要素的扩散。

4.1.3　成熟阶段——同城化效应

高铁的开通大幅度缩短城市间的交通时间,压缩了不同城市的时空距离,产生空间收敛的作用。一方面,从跨区域的朝发夕至到都市圈的 1 小时通勤范围,高铁的发展促进了城市间和区域内的资本、技术、人才、信息资源的快速流动,以及要素的再分配,使得城市差距缩小。另一方面,城市间的行政边界趋于模糊,相关基础设施和服务功能越来越多地被共享,要素流动突破了传统的行政界限,在更广的区域内流动配置,形成紧密联系、共存共荣的经济体。

4.2　相关理论

4.2.1　经济增长理论

在生产力落后、技术匮乏的年代,资本是生产活动最重要的要素。关于经济增长的论述可以追溯到古典经济学家亚当·斯密 1776 年的著作《国富论》。亚当·斯密认为,经济增长是国家财富增加的重要途径。由于才能的自然差异及专业的熟练度,专业化的分工将扩大社会生产,资本的积累以及合理的分配可以促进劳动生产力与劳动力的增加,从而促进社会的繁荣。英国古典政治经济学家大卫·李嘉图继承了亚当·斯密的重要观点,建立起以分配理论为中心的体系。他认为除了劳动力决定商品价值外,资本与土地也是推动经济增长的重要来源。而同一时期的托马斯·马尔缪斯作为维护土地所有者的经济学家,他认为土地是获取利润的重要来源。古典增长理论将资本积累看成促进经济增长的关键因素。然而欧洲工业革命之后，随着科学技术的进步，资本的积累已经远远无法解释经济快速地增长。哈罗德(1939)和多马(1946)建立起的哈罗德-多马模型开创了现代经济增长理论的范式。该模型以凯恩斯的有效需求理论为基础，将凯恩斯的短期比较静态分析动态化，研究了增长率、储蓄率与资本产出比之间的关系，认为资本积累是实现经济持续增长的决定性因素，但是该模型的假设在多数发展中国家并不具备，并且它忽略了技术进步在经济增长中的作用。Solow(1956)和Swam(1956)在哈罗德-多马的模型基础上，采用了资本和劳动可替代的科布-道格拉斯生产函数，建立起了划时代的新古典经济增长模型。该模型建立起了生产函数与技术进步的联系，认为边际收益来自技术、投资以及劳动力。新古典经济增长理论认为，技术进步率在发达国家会逐渐达到顶峰，随后逐渐下降，因此生产的平均成本在发达国家相对更高，基础设施的投资与规划建设对经济增长会产生重要影响。新古典经济增长理论最大的缺陷在于将技术进步视为外生因素来解释经济增长。Arrow(1962)提出了干中学模型，从规模报酬不变的科布-道格拉斯模型推导出规模报酬递增的生产函数，将技术进步内生于模型，认为技术进步是学习的结果，突破了传统的增长理论模型。以罗默和卢卡斯为代表的新增长理论学者在阿罗的思想基础上进一步肯定了技术进步的作用，他们将索洛余量从索罗模型中分离开来，解释了引起经济增长的不同要素。而以巴罗为代表的经济学家强调了包括基础设施投资的生产性政府支出对经济增长的作用(Barro et al., 1990)。

4.2.2　城市经济理论

关于经济与城市空间关系的问题，亚当·斯密在《国富论》一书中已提到，他认为，地租就是使用土地所支付的价格，地租的高低与土地肥沃程度及市场远近有关。冯·杜能(1826)在他的《孤立国同农业和国民经济的关系》一书中，设想了一个包含城市和乡村的空间，乡村不同类型的土地可以生产不同种类的产品供应给城市。他认为，不同类型的土地之间的竞争决定了土地使用模式，在土地肥沃程度相同的条件下，随着到城市距离的增加，土地的租金会逐渐降低,并形成以城市为中心的圈层结构。阿隆索(1964)以杜能的圈层模型为基础,用通勤者代替了杜能模型中的农民,用 CBD 代替孤立国中的城市,构建了单中心结构的城市模型,这一模型沿用至今。亨德森(1974)在马歇尔外部经济概念的基础上构建了针对城市地区规模和分布进行研究的城市体系模型,该模型认为城市的形成面临产业集中所带来的城市内正外部性,以及城市过大所导致的通勤成本增加的负外部性。不同产业决定了不同的规模经济,由于负外部性的存在,不同的规模经济决定了城市的大小,城市在福利与规模之间取得平衡,达到理想状态。

4.2.3　国际贸易理论

作为绝对比较优势的奠基人,亚当·斯密认为两个国家在生产不同产品上占有自己的绝对优势,就应当相互进行交换,并且能够同时获利,他认为陆地运输会阻碍偏远地区商业活动的开展。马歇尔不仅仅开创了新古典经济学派,形成了以完全竞争为前提、以均衡价格为核心的理论体系,还试图在一般均衡理论框架下处理规模报酬问题。他认为交通的改良会影响工业的地理分布,运输成本的变化会影响需求。货币学派代表人物弗里德曼(1953)提出了一价定律理论。他认为,在没有运输费用的市场上,同样的商品无论在何地出售,如果用同一货币计算,其价格应该相同,如果不同地区的价格存在差异,则会发生贸易,直到各地差价消除,达到商品市场的均衡状态。赫克歇尔和俄林作为要素禀赋理论的创始人,在对经济现实简单化、抽象化的严格模型设定基础上,分析了国际贸易的特征。这种理论认为,每个国家都会出口自己相对富裕的产品,进口自己相对稀缺的产品,由于各国在土地、劳动力和资本等要素禀赋上存在天然的差别,产品价格会存在差异,进而促进了各国之间的贸易往来,提高各方的收益。同时,各种要素的价格受到流通费用的影响,在自由贸易条件下,要素和产品价格趋于平衡。保罗·萨缪尔森以开创性的冰山成本理论发展了国际贸易理论。他提出,运输成本是造成商品在不同地区形成差价的原因,他将产品的运输成本看成"冰山"的形式,意即产品在运输的过程中会如同冰山一样部分融化,融化的部分即运输成本。

4.2.4 新经济地理理论

长久以来,空间区位和国际贸易都是经济学家研究的重要问题,然而传统的研究一直没有很好地将两者结合在一起。以克鲁格曼为代表的经济学家通过融合过去的不同理论,借助迪克西特和斯蒂格利茨的垄断竞争模型,建立起了一个新的解决规模报酬递增、运输成本、城市空间与经济增长问题的分析框架——新经济地理学。尽管许多经济活动在空间上都呈现出高度集聚的特征,然而并非所有生产行为都集中在单一的地区,其中必然存在两股截然相反的力量在构建这个空间格局。新经济地理学将它们区别为集聚与扩散,前者包括马歇尔所提出的三个外部性:劳动力池共享、专业化投入以及知识溢出;后者包括要素的不可流动性、土地租金以及集聚不经济。两种力量的作用决定了产业、城市或者国家的分布模式,对空间经济相关的研究具有重大的理论指导意义。

4.3 模型建立——基于拓展的核心边缘模型

4.3.1 假定条件

假设一个经济体由本地和外地两个地区组成,有着相同的初始技术与要素禀赋。经济体有两种劳动力:技术工人(资本所有)与非技术工人(劳动力所有),他们完全无弹性地提供单位劳动力,技术工人获取资本报酬 R,非技术工人获取收入 W。居民的效用来自消费制造业生产的产品 M、农产品 A 以及土地 H。我们将一个地区内部看成均质,土地是不可交易且不可生产的商品,在每一个地区供给固定。农产品为同质商品,交易不需要成本,在两个地区由非技术工人在完全竞争条件下以不变规模报酬生产,我们将农产品视为单位计价物。制造业部门生产大量不同种类的商品,每一种商品的生产都需要技术工人与非技术工人。非技术工人是唯一可变投入要素,边际成本为常数 c,我们将技术工人投入视为固定成本,每种产品生产需要至少 1 单位的技术工人作为固定成本。商品的流动遵循冰山成本性质,即交易 1 单位的商

品只有 $1/\tau$ 能到达目的地。本书假定非技术工人只能在部门内流动,技术工人能跨地区流动。为了便于计算,我们将技术工人总数标准化为 1,本地的技术工人份额为 λ,外地的技术工人份额为 $1-\lambda$,两个地区的非技术工人总数为 ρ。

4.3.2 消费者需求

假定居民有着相同的对数拟线性效用:

$$U = \alpha \ln C_X + \beta \ln C_H + C_A \tag{4-1}$$

式中,$\alpha > 0$;$\beta \geq 0$;C_X 为制造品的消费量;C_H 为土地的消费量;C_A 为农产品的消费量;制造品的消费量满足 CES 效用函数:

$$C_X = \left(\sum_{i=0}^{N} x_i^{\frac{\sigma-1}{\sigma}} + \sum_{j=N}^{N+N^*} x_j^{\frac{\sigma-1}{\sigma}} \right)^{\frac{\sigma-1}{\sigma}} \tag{4-2}$$

其中,x_i 为本地单一商品的消费量,x_j 为外地单一商品的消费量,N 和 N^* 分别为本地和外地生产的商品种类,σ 为不变替代弹性指数,取 $\sigma > 1$。居民消费约束为:

$$PC_X + p_H + C_A = Y \tag{4-3}$$

式中,Y 为居民收入,非技术工人的收入来自 W;技术工人的收入来自 R;P 为所有制造品的 CES 价格指数:

$$P = \left(\sum_{i=0}^{N} p_i^{1-\sigma} + \sum_{i=N}^{N+N^*} (\tau p_j)^{1-\sigma} \right)^{\frac{1}{1-\sigma}}, \quad \tau > 1 \tag{4-4}$$

式中,p_i 是本地商品的出厂价格,p_j 是进口商品的出厂价格,p_H 是土地价格。在冰山成本的贸易条件假设下,消费进口的商品到岸价格为 τp_j。根据式 (4-1)~式(4-4),由效用最大化,我们可以得出:

$$C_X = \alpha/P, \quad C_h = \beta/p_H, \quad C_A = Y - \alpha - \beta$$
$$x_i = \alpha(p_i)^{-\sigma}(P)^{\sigma-1}, \quad x_j = \alpha(\tau p_j)^{-\sigma}(P)^{\sigma-1} \tag{4-5}$$

将式(4-5)代入式(4-3),我们可以得到居民的间接效用函数:

$$V = \alpha \ln P - \beta \ln p_H + \varepsilon \qquad (4-6)$$

其中 $\varepsilon \equiv [\alpha(\ln\alpha - 1) + \beta(\ln\beta - 1)]$。完全竞争的条件下,市场出清要求土地市场的总供给等于总需求,由式(4-5)可以得到 $\beta(\rho + \lambda)/p_H = H$:

$$p_H = \frac{\beta(\rho + \lambda)}{H} \qquad (4-7)$$

式(4-7)对 λ 求导,$\dfrac{\partial p_H}{\partial \lambda} = \dfrac{\beta}{H}\lambda$,我们可以看到本地土地价格会随着技术工人数量的增加而上升,外地也是如此。

4.3.3　短期均衡

农产品市场完全竞争,并且生产单位产品需要 1 单位的非技术工人,由于我们将农产品设定为计价物,非技术工人获得的劳动报酬为 1。我们假定每种制造品只能由一家企业生产,市场出清条件要求制造品的供给与需求相等,即 $X_i = (\rho + \lambda)x_i + (\rho + 1 - \lambda)\tau x_i^*$,公式右边第一项为本地市场的某一消费者需求量,第二项为外地市场的某一消费者需求量,由于冰山成本的存在,外地消费者的需求量会小于本地提供的数量。假定制造品的边际成本为常数 $c > 0$,固定成本 R 用来补偿技术工人,代表性企业的利润公式如下:

$$\Pi_i = (p_i - c)(\rho + \lambda)x_i + (p_i^* - c)(\rho + 1 - \lambda)\tau x_i^* - R \qquad (4-8)$$

由企业利润最大化,根据边际成本定价法,则 $p_i = MC/(1 - 1/\sigma)$,我们可以得到:

$$p_i = p_i^* = \frac{\sigma c}{\sigma - 1} \equiv \bar{p} \qquad (4-9)$$

技术工人工资将调整到企业零利润,将式(4-9)代入式(4-8),再由市场出清条件 $X_i = (\rho + \lambda)x_i + (\rho + 1 - \lambda)\tau x_i^*$,我们可以得到:

$$X_i = \frac{\sigma - 1}{c}R \qquad (4-10)$$

根据式(4-4)、式(4-5)、式(4-8)及式(4-9),我们可以得到两个地区的技术工人的工资：

$$R = \frac{\alpha}{\sigma} \left[\frac{\rho + \lambda}{\lambda + (1-\lambda)\phi} + \frac{\phi(\rho + 1 - \lambda)}{\phi\lambda + (1-\lambda)} \right] \quad (4-11)$$

$$R^* = \frac{\alpha}{\sigma} \left[\frac{\phi(\rho + \lambda)}{\lambda + (1-\lambda)\phi} + \frac{\rho + 1 - \lambda}{\phi\lambda + (1-\lambda)} \right] \quad (4-12)$$

其中 $\phi \equiv \tau^{1-\sigma} \leqslant 1$，与冰山贸易成本负相关，通过式(4-11)、式(4-12)和式(4-10)我们可以得到其他内生变量。为了保证制造部门与农业部门同时有生产活动，我们需要假定制造部门所有非技术工人劳动投入 $NcX_i = NR(\sigma - 1)$ 小于非技术工人总体规模 ρ，由此得到 $\alpha < \rho\sigma/(2\rho+1)(\sigma-1)$。将定价法则式(4-9)代入式(4-4)，我们可以得到 CES 价格指数：

$$p = \bar{p}[\lambda + (1-\lambda)\phi]^{\frac{1}{1-\sigma}}, \quad p^* = \bar{p}[\lambda\phi + (1-\lambda)]^{\frac{1}{1-\sigma}} \quad (4-13)$$

4.3.4　长期均衡

在长期，技术工人可以通过跨区域的流动来获得较高的间接效用，这一调整过程我们可以用动态微分方程表示为：

$$\frac{d\lambda}{dt} \equiv \dot{\lambda} = (V - V^*) \cdot \lambda \cdot (1-\lambda) \quad (4-14)$$

式(4-14)中，$V - V^*$ 为两地区的效用差，由间接效用函数可以得到技术工人的效用差：

$$V - V^* = (R - R^*) + \alpha\ln(P^*/P) + \beta\ln(P_H^*/P_H)$$

将式(4-5)、式(4-11)和式(4-12)代入上式，可以得到：

$$V - V^* = \alpha\left[\frac{1-\phi}{\sigma}\left(\frac{\rho+\lambda}{\lambda + (1-\lambda)\phi} - \frac{\rho+1-\lambda}{\phi\lambda + 1-\lambda} \right) + \right.$$
$$\left. \frac{1}{\sigma-1}\ln\left(\frac{\lambda + (1-\lambda)\phi}{\phi\lambda + 1-\lambda} \right) - \frac{\beta}{\alpha}\ln\left(\frac{\rho+\lambda}{\rho+1-\lambda} \right) \right] \quad (4-15)$$

当 $\lambda = 1/2$ 时，即技术工人在两地区均衡分配，式(4-15)存在一个对称均衡。

由于存在两种不同的集聚作用,该均衡不一定是个稳定均衡。我们将式(4-15)对 λ 在 1/2 处求导,可以得到:

$$\frac{\partial(V-V^*)}{\partial\lambda}\bigg|_{\lambda=\frac{1}{2}} = 4\alpha\left\{\frac{(1-\phi)[\sigma(3\phi+1)-2\phi-2\rho(1-\phi)(\sigma-1)]}{\sigma(\sigma-1)(1+\phi)^2} - \frac{\gamma}{2\rho+1}\right\}$$

$$(4-16)$$

其中 $\gamma \equiv \beta/\alpha$,如果式(4-16)符号为负,则对称均衡是稳定均衡;如果对称均衡不稳定,则应该存在完全集聚的稳定均衡或者部分集聚的稳定均衡。前者即为 Krugman 核心—边缘模型的基本结论:当 $V-V^* > 0$ 且 $\lambda=1$ 或当 $V-V^* < 0$ 且 $\lambda=0$。当 $V-V^* = 0$ 且 $1/2 < \lambda \leq 1$ 或者 $0 \leq \lambda \leq 1/2$ 时,该模型存在一个部分集聚的均衡。根据 Krugman 的新经济地理理论,空间集聚与扩散存在三种力量。首先,拥有较高流动资本份额的地区也会有较大的制造部门,因此压低制造业价格指数,可促进地区集聚。其次,拥有较高的流动资本也意味着有着较大的市场规模,这会增加市场利润,拉大本地市场与外地市场的技术工人工资差距 $(R-R^*)$。最后,当外地市场的企业流向本地市场时,会加剧本地产品的竞争,减缓外地市场产品的竞争。这个力量与前两个相反,共同形成了两个地区的稳定均衡。此外,根据我们基础假设,一个地区的土地价格上涨会造成该地区的扩散,这是一个相对独立的扩散力量。图 4-1 描述了几种集聚与扩散力量的变化,我们将 Krugman 所提出的三种力量加总在一起,显示为图 4-1 的倒 U 曲线,曲线位于横轴下方时,表示集聚力量弱于竞争所带来的扩散力量。从图 4-1 中可以看到,随着贸易成本的逐渐降低,经济

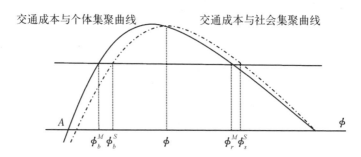

图 4-1　集聚与扩散

会趋于集聚；当到达某个拐点时，经济又会趋于扩散。当土地成本所带来的扩散力量忽略不计时，图 4 - 1 中曲线与横轴的交点 A 即为稳定均衡点。当 $\gamma > 0$ 时，集聚力量必须大于土地成本所带来的扩散力量，以保证稳定均衡。图 4 - 1 中横线为独立的土地成本所带来的扩散力量，它与集聚曲线的交点表示了两个贸易成本关键点，ϕ_b^M 为市场均衡折点，ϕ_r^M 为市场再扩散点。在这两点之间的部分，对称均衡为不稳定均衡。

由此，我们提出本书的第一个假设：

假设 1：在初始阶段，随着贸易成本的降低，经济趋向集聚。

我们令式（4 - 16）等于 0，求解得出 ϕ：

$$\phi_b^M = \frac{(\sigma-1)[(2\rho+1)^2 - \gamma\sigma] - (2\rho+1)\sqrt{1 + 4\sigma(\sigma-1)[1 - \gamma(\sigma-1)]}}{(\sigma-1)[(2\rho+1)^2 + \gamma\sigma] + (2\rho+1)(2\sigma-1)}$$

$$(4 - 17)$$

$$\phi_r^M = \frac{(\sigma-1)[(2\rho+1)^2 - \gamma\sigma] + (2\rho+1)\sqrt{1 + 4\sigma(\sigma-1)[1 - \gamma(\sigma-1)]}}{(\sigma-1)[(2\rho+1)^2 + \gamma\sigma] + (2\rho+1)(2\sigma-1)}$$

$$(4 - 18)$$

由于 $\sigma > 1$，为了式（4 - 17）和式（4 - 18）获得实数解，我们首先令根号内 $1 - \gamma(\sigma-1) > 0$，该式表示规模报酬的程度强于土地成本对居民消费的影响。这也要求土地成本的扩散力量不能无限增加，即图 4 - 1 的横线必须在表示集聚力量倒 U 曲线的顶点下方。其次，Krugman 在其核心—边缘模型中提出黑洞条件，要求集聚力量不能太大，以至于即使贸易成本无限大仍然不能满足稳定的对称均衡。在要求 $\sigma/(\sigma-1) < 2\rho$，在给定不可流动的非技术工人条件下，规模经济的集聚力量不能太大。在贸易成本满足 $\phi < \phi_b^M$ 或者 $\phi > \phi_r^M$ 条件下（即图 4 - 1 集聚曲线的两端），对称均衡是稳定均衡；在市场均衡点与再扩散点之间部分，对称均衡为不是稳定均衡，空间上表现出部分集聚或者完全集聚（见图 4　2）。

将式（4 - 17）和式（4 - 18）对 σ 求导，当 $\partial\phi_b^M/\partial\sigma > 0$ 且 $\partial\phi_r^M/\partial\sigma < 0$ 时，某一地区出现较强的规模经济，促进集聚并且扩大不稳定对称均衡的 ϕ 范围。

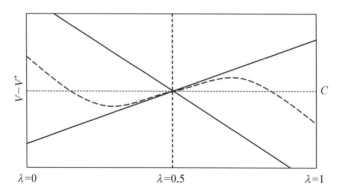

图 4-2　两地区间接效用差距

当 $\partial\phi_b^M/\partial\gamma>0$ 且 $\partial\phi_r^M/\partial\gamma<0$ 时,较大的土地成本意味着较强的扩散力量,出现较小的 ϕ 范围来保证集聚。当 $\partial\phi_b^M/\partial\rho>0$ 且 $\partial\phi_r^M/\partial\rho<0$ 时,提高非技术工人比例,会增强市场竞争效应,但会减弱土地成本增加带来的作用,在贸易成本较低的情况下,前者的作用大于后者。由此,我们提出本书的第二个假设:

假设 2: 在贸易自由度较高的条件下,由于规模经济及土地成本的存在,会同时出现集聚与再扩散;随着土地成本的上升,要素趋于扩散。

4.3.5　福利分析

制造部门在长期均衡下的空间分布产生于技术工人自由的流动。由式(4-6)对本地与外地福利加总,我们可以得到社会总体福利方程:

$$\Omega(\lambda)=\lambda V+(1-\lambda)V^*+\rho(V_u+V_u^*)$$
$$=\lambda R+(1-\lambda)R^*-(\rho+\lambda)(\alpha\ln P+\beta\ln p_H)-$$
$$(\rho+1-\lambda)(\alpha\ln P^*+\beta\ln p_H^*)+\xi \qquad (4-19)$$

其中,$\xi=2\rho+\varepsilon(2\rho+1)$,将式(4-7)、式(4-11)、式(4-12)、式(4-13)代入式(4-19),我们可以得到如下社会总福利方程:

$$\Omega(\lambda)=\alpha\left\{\frac{1}{\sigma-1}\ln\left[\frac{(\lambda+(1-\lambda)\phi)^{\rho+\lambda}}{(\phi\lambda+(1-\lambda))^{-(\rho+1-\lambda)}}\right]-\gamma\ln\left[\frac{(\rho+\lambda)^{\rho+\lambda}}{(\rho+1-\lambda)^{-(\rho+1-\lambda)}}\right]+\Lambda\right\}$$

$$(4-20)$$

式(4-20)花括号内第一项反映了要素在空间上的分配通过价格指数来影响社会福利,第二项反映了要素在空间上的分配通过土地成本来影响社会福利, Λ 为常数项。为了获得极值,将式(4-20)对 λ 求导,可以得到:

$$\frac{\partial \Omega}{\partial \lambda} = \alpha \left\{ \frac{1}{\sigma-1} \left[\ln(\lambda+(1-\lambda)\phi) + \frac{(\rho+\lambda)(1-\lambda)}{\lambda+(1-\lambda)\phi} \right] + \gamma \ln \frac{\rho+1-\lambda}{\rho+\lambda} \right\}$$

可以看到,当 $\lambda = 1/2$ 时,上式始终等于 0,然而不能确定是最大值还是最小值;当 $\lambda \neq 1/2$ 时,我们也可以获得非对称均衡状态下的极值,但是最多只有 2 个极值可以满足社会福利最大化。图 4-3 描述了福利方程的形状,最下端的曲线说明在对称均衡处社会福利最小,角点解为最大值,社会福利最大;最上端的曲线描绘了对称均衡处福利最大化的情形;中间的虚线描绘了对称均衡状态下局部福利最小的情形,并且社会福利最大化出现在部分集聚处。为了得到各种情形下的最大值,我们需要对 Ω 求二阶倒数。根据图 4-3,当 $\left. \frac{\partial^2 \Omega}{\partial \lambda^2} \right|_{\lambda=\frac{1}{2}} < 0$ 时,可以达到最上端曲线的全局福利最大化;而当 $\left. \frac{\partial^2 \Omega}{\partial \lambda^2} \right|_{\lambda=\frac{1}{2}} > 0$ 时,则出现另外两种情况。显然,根据图 4-3 所显示的特征, $\left. \frac{\partial^2 \Omega}{\partial \lambda^2} \right|_{\lambda=1}$ 的符号区分了后两种情况。

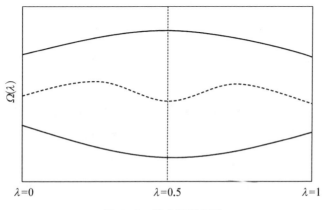

图 4-3　社会福利函数

我们首先对式(4-20)在 $\lambda = 1/2$ 处求二阶导数：

$$\left.\frac{\partial^2 \Omega}{\partial \lambda^2}\right|_{\lambda=\frac{1}{2}} = 4\alpha\left[\frac{(1-\phi)\left[(3\phi+1)-2\rho(1-\phi)\right]}{(\sigma-1)(1+\phi)^2} - \frac{\gamma}{2\rho+1}\right] \quad (4-21)$$

式(4-21)的第一项反映了制造部门价格对社会集聚力的作用,第二项表明土地成本的作用使得经济体向对称状态发展,该项符号显然为负。令式(4-21)等于0,我们可以得到如下两个解：

$$\phi_b^S = \frac{(2\rho+1)\left[(2\rho+1)-2\sqrt{1-\gamma(\sigma-1)}\right]-\gamma(\sigma-1)}{(2\rho+1)(2\rho+3)+\gamma(\sigma-1)} \quad (4-22)$$

$$\phi_r^S = \frac{(2\rho+1)\left[(2\rho+1)+2\sqrt{1-\gamma(\sigma-1)}\right]-\gamma(\sigma-1)}{(2\rho+1)(2\rho+3)+\gamma(\sigma-1)} \quad (4-23)$$

我们将式(4-22)求得的 ϕ_b^S 定义为社会均衡折点,该点出现于较高的贸易成本状态下,对称分配不再是社会最优分配方式,将式(4-23)求得的 ϕ_r^S 定义为社会再分散点,该点出现在较低的贸易成本状态下,此时对称均衡再次成为社会最优点。当 $\gamma = 0$ 时,式(4-23)显示社会再分散点位于1。为了检验何时部分集聚会取代完全集聚并成为最优选择,我们对式(4-20)在 $\lambda = 1$ 处求导：

$$\left.\frac{\partial \Omega}{\partial \lambda}\right|_{\lambda=1} = \alpha\left[\gamma\ln\left(\frac{\rho}{1+\rho}\right) - \frac{1}{\sigma-1}\ln\phi - (1-\phi)\left(1+\rho\left(1-\frac{1}{\phi}\right)\right)\right]$$

$$(4-24)$$

式(4-24)在 ϕ_b^S 和 ϕ_r^S 处小于0,而在这两点区间内,存在 ϕ 使得该式大于0。因此,当贸易成本逐渐降低,经济体自扩散、集聚到再扩散是一个连续的过程。由此,我们提出本书的第三个假设：

假设3:随着贸易成本的逐渐降低,集聚均衡会成为社会的最优选择。

最后,我们再来看技术工人与非技术工人之间的福利分配。将式(4-16)的前两项记为 Ω_h,表示技术工人的福利,第三项记为 Ω_u,表示非技术工人的福利,该项又可分解为本地非技术工人与外地非技术工人。我们首先分别将技术工人与非技术工人的福利方程在 $\lambda = 1/2$ 处求导：

$$\frac{\partial^2 \Omega_h}{\partial \lambda^2}\bigg|_{\lambda=\frac{1}{2}} = 4\alpha \left[\frac{(1-\phi)(3\phi+1)}{(\sigma-1)(1+\phi)^2} - \frac{\gamma(1+4\rho)}{(2\rho+1)^2} \right] \qquad (4-25)$$

$$\frac{\partial^2 \Omega_u}{\partial \lambda^2}\bigg|_{\lambda=\frac{1}{2}} = 8\alpha\rho \left[\frac{-(1-\phi)^2}{(\sigma-1)(1+\phi)^2} + \frac{\gamma}{(2\rho+1)^2} \right] \qquad (4-26)$$

式(4-25)与式(4-26)右边括号内的第一项分别反映了制造品价格指数对技术工人与非技术工人的影响,第二项反映了土地成本的作用。当土地成本可忽略不计时,式(4-25)显然为正,而式(4-26)显然为负。因此,在不用考虑土地成本的情形下,对称均衡状态下技术工人的福利最低,而非技术工人更倾向于分散的市场。从现实来看,产业的集聚可以使得大城市的非技术工人获得较大收益,而使得小城市的非技术工人获得较低收益。当我们考虑土地成本的情形下,式(4-25)右边第二项符号为负,说明土地价格的上涨使得技术工人更愿意经济分散,即大城市扩散;当式(4-26)右边第二项符号为正时,表明土地价格的上涨使得非技术工人更愿意看到经济的集聚。由此,我们提出本书的第四个假设:

假设 4:产业的集聚可以使技术工人获得较高福利,土地成本的增加又会降低技术工人的福利。总体上看,人口向大城市的集聚能获得更高的福利。

将式(4-22)减去式(4-17),我们看到,社会最优均衡折点总是大于市场均衡折点。类似地,将式(4-23)减去式(4-18),社会最优再扩散点总是大于市场再扩散点。这两个结果表明,在贸易成本较高的情形下,市场总是会过度集聚,而在贸易成本较低的情形下,市场又会偏向分散。

4.4　本章小结

本章提出了高铁发展对空间分化的三个影响机理。首先,作为一项大规模基础设施工程,在初始阶段通过投资拉动相关产业发展,促进经济增长,并依靠站点地区公共服务设施开发以及交通基础设施水平的提升,促成城市空间结构的重塑。其次,高铁的发展提升了核心城市的区位优势,进一步加速人口和经济的集聚。由于核心城市人口的不断集聚,土地价格上升,高铁的开通降低了核心城市与其周围中小城市的交通成本,也方便了要素的扩散。最后,高铁网络的不断完善能大幅度缩短城市间的交通时间,压缩城市时空距离,产生空间收敛的作用。同城化效应使得城市差距缩小、行政边界趋于模糊,形成紧密联系、共存共荣的经济体。通过梳理与本书研究方法及视角直接相关的经济增长理论、城市经济理论、国际贸易理论与新经济地理理论,我们构建了一个包含两个地区、两种要素以及三种产品拓展的核心—边缘模型。该模型分析显示:

第一,在初始阶段,随着贸易成本的降低,经济趋向集聚。

第二,在贸易自由度较高的条件下,由于规模经济及土地成本的存在,会同时出现集聚与再扩散;随着土地成本的上升,要素趋于扩散。

第三,随着贸易成本的逐渐降低,集聚均衡会成为社会的最优选择。

第四,产业的集聚可以使技术工人获得较高福利,土地成本的增加又会降低技术工人的福利。总体上看,人口向大城市的集聚能获得更高的福利。

借助本章的理论基础,接下来我们将分别对高铁的发展与经济分布、人口流动以及区域一体化的关系进行分析。

第 5 章

高铁发展对经济分布的影响

大规模公共交通基础设施联结着大都市区域以及边缘中小城市。贸易成本的降低是否能促进产业的扩散,使得经济活动从核心区域向外延伸至边缘地区？抑或是反向加强向心程度？本章用高铁建设与县域城市发展的关系对这一问题进行了实证研究。

5.1 引言

经济活动受到货物运输及客运交通的影响,企业的生产行为依赖于原材料、劳动力及产品的流动,消费者行为也与产品的贸易及自身的出行息息相关。近年来,世界发展银行的贷款约有 20% 用于交通基础设施的建设,该比例甚至高于其对扶贫项目的投资比例。大规模交通基础设施作为降低交易成本的工具,对促进要素的流动、增强区域联结和提高经济发展水平有着重要作用。从普通道路到高速公路,从普通轨道交通到高速铁路,交通运输技术本身也经历了巨大的变化,影响着经济活动的空间分布、产业集聚与城市化进程。尽管有越来越多的学者开始研究交通基础设施与经济空间的关系,但以货运为主的传统交通设施的效用能否推广到新兴的客运交通为主的高速铁路,我们仍不得而知。究其原因,一方面是因为高铁投入使用的历史较短,另一方面是因为目前全世界仅有十几个国家拥有真正意义上的高铁。

本章分析论证了高铁建设对城市经济发展及空间分布的影响。大规模交通基础设施投资作为政策工具,直接影响着贸易融合的程度。这些政策通常是为了促进地区之间的平衡,因为贸易成本的降低可以促进经济增长以及经济活动向外的扩张。高铁建设亦不例外。高铁必然联结着大都市区域的生产中心以及外围中小城市。随着服务贸易规模的扩大,客运成本的降低究竟是促进了产业及总体活动的向外扩散,还是进一步增强了生产活动的空间集聚?交通基础设施可能促进离散,也可能促进集聚。目前关于这方面的研究较少,一些关于大规模交通基础设施评估的文献很少关注非均衡市场的规模在产业集聚中的作用,以及当中小城市与大城市由于交通的便利而紧密联结后是否会受到正向或者负向的影响(Faber,2014)。贸易成本与经济发展之间存在的内生性也会影响实证研究结果,因此我们使用的高铁恰好可以作为一个拟自然实验解决这个技术问题。自 2008 年中国第一条高铁(京津城际铁路)通车之后,中国的区域格局发生了巨大变化,地理学及城市规划学科从可达性角度对不同高铁线路进行了分析,而经济学领域关于高铁与经济绩效和城市化关系的实证研究还较少。

本章的叙述逻辑包括三步:首先,排除了中心城市,我们对比分析了高铁开通对沿线与非沿线中小城市经济绩效的影响,究竟是加速了沿线城市的经济增长,还是相反的效果?其次,我们从贸易成本与城市化角度解释了造成这种结果的影响机制。特别地,我们还从空间角度分析了影响的范围。最后,我们检验了高铁开通对人口增长及不同产业的影响。本章所用的数据来自2007—2014 年 1 910 个县级单位,除了来自县域统计年鉴及人口普查的 GDP、财政收入、三次产业增加值等经济社会指标之外,我们还特别利用 ArcGIS 构造了中国历年的高铁线路分布图(见图 5-1),提取了历年高铁影响腹地城市、历年各城市到高铁线路的距离、各城市到国内中心城市的距离等指标。这些可靠的指标使得我们能更准确地进行实证研究。研究中我们碰到的最大技术难点在于如何鉴定高铁影响城市的实验组与控制组。因为我们文中所用的双重差分(difference-in-difference,DID)模型,其前提条件是要求在开通高铁前,沿线城市与非沿线城市有着相同的增长趋势。然而,我们知道国家铁路局制定的铁路规划对高铁线路及站点的布置不能保证这种相同趋势,因此,我们首先控制了沿线城市与非沿线城市的增长差异来解决不同增长趋势的问题。其次,通过样本的选择,我们专门对高铁沿线城市开通高铁前后的经济绩效做了检验。此外,我们还做了一项安慰剂(placebo)检验,即按照每年实际影响的城市数量,随机生成虚拟的影响城市样本,检验是否也存在着同样的差异。再次,我们通过事件研究(event study)将不同城市开通高铁年份标准化,检验高铁开通前后不同年份的平均影响效应。最后,我们利用了夜间灯光数据作为代理变量,以及利用最小生成树算法构造的中国高铁线路工具变量进行稳健性检验。自 2008 年 8 月 1 日开通运营第一条即时速 350 公里的京津城际高速铁路后,到 2015 年底,我国高速铁路运营历程已达 1.9 万公里,"四纵四横"初具规模(见图 5-1)。我们研究的高铁线路贯穿了规划确定的 21 个区域中心城市,共 244 个高铁站点城市,我们实证分析高铁开通对沿线县级城市的影响。

图 5-1　截至 2015 年底,中国"四纵四横"高铁线路

注:使用 ArcGIS 绘制。

5.2 数据和模型

5.2.1 数据介绍

改善县域经济发展是我们国家当前的重要政策,因为我们大量的人口、不平等及贫困存在于区域中心城市之外的各中小县城。中国的县域占据国家72%的土地及70%的人口,却只有37%的GDP产值(Li et al.,2016),因此我们将以县级单位作为研究对象。本书搜集了中国的1 910个县级单位2003—2014年的数据,考虑到可能的数据缺失,为了保证实证研究中样本的平衡,我们在计量检验时主要使用的是2007—2014年的数据[①]。数据包括两类:一类是经济系统数据,另一类是GIS相关数据。

(1) 各县级城市人口、GDP、人均GDP、财政收入、土地面积、三次产业产出、城镇固定资产投资等数据,数据来自县域经济统计年鉴。

(2) 2000年各县级城市人口、文盲率、非农业人口比重等数据,数据来自第五次人口普查结果。

(3) 中国基础地理数字地图,来自国家地球系统科学数据共享平台。

(4) 中国1 km分辨率数字高程(DEM)模型数据集、IGBP中国2000年土地覆盖数字地图,数据来自寒区旱区科学数据中心。

(5) 2007年和2013年中国夜间灯光数据地图,呈现了全球当地时间20:30至22:00的灯光强度,分辨率为0.56 km。

(6) 高铁站点城市,来自12306铁路购票系统,各站点城市经纬度坐标通过百度API生成。

本书中所用到的"是否属于省边界"的虚拟变量,通过中国县级单位行政区划数字地图提取;构建最小生成树所用到的全国土地坡度数据,通过中国1 km分辨率数字高程数字地图提取;根据高铁规划文件,高铁线路直连各站

---

① 因本研究是基于2007—2014年的数字地图展开的,所以本书关于城市的相关统计数据均在此时间范围内。

点城市,本研究以此生成中国高铁线路数字地图。研究中,我们将高铁沿线城市定义为距离高铁线路 10 公里通勤范围内的城市,即各城市边界到高铁线路的最近距离小于 10 公里,同时我们排除了《中长期铁路规划》中所明确的 21 个中心城市及其 50 公里缓冲区,以此来构造我们的影响城市实验组与控制组。我们发现,中国的城市化及经济发展水平各指标在县级单位上存在显著的差异,主要变量描述性统计如表 5-1 所示。

表 5-1　主要变量描述性统计

变量名	说　明	均　值	标准差	最小值	最大值	观测数
GDP	国内生产总值(亿元)	120.511 9	199.060 4	0.75	5 881.32	15 280
population	人口数(万人)	49.140 74	35.798 49	0.78	243.3	15 280
primary	第一产业产值(亿元)	18.175 17	15.702 08	0.15	130.3	15 280
secondary	第二产业产值(亿元)	62.310 43	111.576	0.11	2 794.21	15 279
tertiary	第三产业产值(亿元)	39.954 09	85.487 11	0.18	3 066.52	15 280
GDP percapita	人均 GDP(万元)	2.512 03	2.918 244	0.155 818	45.941	15 280
fixed investment	城市固定资产投资(亿元)	70.466 97	94.588 66	0	1 831	15 280
revenue	财政收入(亿元)	7.003 058	15.060 15	0.01	455.21	15 280
emp00	2000 年就业人口(万人)	24.675 6	20.555 52	0.362	476.264	15 128
prefect	是否属于辖区(0/1)	0.004 712	0.068 484 6	0	1	15 280
citystatu	是否属于县级市(0/1)	0.193 193 7	0.394 816 5	0	1	15 280
prov_boundary	是否属于省边界(0/1)	0.491 099 5	0.499 937 1	0	1	15 280
population00	2000 年人口(万人)	44.402 61	34.236 29	0.717 5	644.577 7	15 128
urbanratio00	2000 年城镇化率(%)	16.171 87	11.368 5	2.36	96.96	15 128
edu	2000 年人均受教育年限(年)	6.957 647	1.083 104	0.63	10.15	15 128
illiter00	2000 年文盲率(%)	12.600 49	10.677 16	0.55	86.22	15 128

5.2.2　模型设定

为了比较开通高铁前后沿线城市的经济绩效变化与非沿线城市之间的差别,我们通过构造一个双重差分模型来进行实证分析,并对模型进行了时间维度与地区维度的设定。图 5 - 2 呈现了我们整个样本中所有高铁沿线城市与非沿线城市人均 GDP 的增长趋势。我们可以看到,在 2008 年开通高铁之前,实验组(沿线城市)与控制组(非沿线城市)基本保持着相同的增长趋势;而在 2008 年高铁线路逐渐增加之后,实验组的经济增长速度相较于控制组有了比较明显的放缓趋势。我们的基本模型设定如下:

$$\ln(y_{it}) = \beta \, COM\_10_{it} + \alpha_i + \gamma_t + \epsilon_{it} \qquad (5-1)$$

其中,i 表示各县级城市,t 表示年份;y_{it} 表示产出指标:GDP 和人均 GDP;ln 表示取自然对数,用在模型中可以表示增长率;α_i 表示县级城市的地区固定效应,控制了各县级城市不随时间变化的特征,这些特征往往会对经济增长产生不同影响;γ_t 是年度时间固定效应,控制了宏观环境可能对所有县级城市产生冲击的特殊因素;ϵ_{it} 是误差项。COM_10 是我们关心的解释变量,表示某一年该城市是否开通高铁。而这一解释变量是由 2 个变量相乘计算所得:

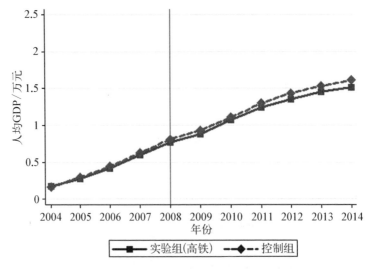

图 5 - 2　实验组与控制组的人均 GDP 增长趋势

表示区分实验组与控制组的虚拟变量 $treatment_i$，表示该年份是有高铁通过的虚拟变量 $post_{it}$，即 $COM_{10} = treatment_i \cdot post_{it}$。 $treatment_i$ 取值为 1，表示实验组，即开通高铁的城市；取值为 0，表示外围非沿线城市。$post_{it}$ 取值为 1，表示开通高铁及以后的年份；取值为 0，表示开通高铁之前。

5.2.3　模型假定条件的识别与控制

双重差分模型使用的假定条件要求实验组与控制组有着相同的趋势。在我们的研究中要求高铁沿线城市与非沿线城市在高铁建设之前，应该有着相同的发展趋势。然而，我们不能保证高铁站点的选择不存在政策的倾向性，这种选择性问题会导致模型的内生性。从中长期铁路网规划中我们其实已经发现，国家铁路局将 21 个区域中心城市规划为我们高铁线路的节点城市，因此图 5-2 不能排除 2008 年之后的人均 GDP 分化趋势是由于受到沿线城市与非沿线城市本身特征的影响。为了解决这一问题，我们在模型中增加了几个反映城市基本特征的变量来控制城市自身的增长趋势。例如，是否属于城市辖区或是否属于县级市，控制了县级单位城市的等级；一般认为，位于行政单位边界的城市更容易获得技术与知识的溢出，因此我们增加了是否属于省边界城市；城市的城镇化水平以及技术水平也影响着城市的发展趋势，在这里我们增加了 2000 年各城市的城镇化率与文盲率，其中城镇化率为非农业人口占城市总人口的比例。为了更好地控制各县城自身的增长趋势差异，解决经济绩效与高铁发展相关性受到实验组选择影响的内生性问题，我们通过对模型的变换，构造了几组估计方程：

$$\ln(y_{it}) = \beta\,COM\_10_{it} + \delta\,treatment_{it} \cdot t + \sigma(X \cdot f(t)) + \alpha_i + \gamma_t + \epsilon_{it}$$

$$(5-2)$$

$treatment_{it} \cdot t$ 在这里我们用来控制实验组的趋势，$t = year - 2006$ 表示发生于第几年，如 2007 年为 1，2008 年为 2，……；X 是控制变量：是否属于城市辖区、是否属于县级市、是否属于省边界、2000 年城镇化率、2000 年文盲率；$X \cdot f(t)$ 表示控制变量与时间函数的交互项 Xt，Xt^2，Xt^3；控制变量与解释

变量的交互项 $X \cdot COM\_10_{it}$；控制变量与时间虚拟变量的交互项 $X \cdot year_{dt}$。回归标准差我们聚类（cluster）到县级城市水平。

5.3 实证结果

5.3.1 高铁与经济绩效

模型 5.1 的回归结果我们在表 5-2 第 2 列给出。从回归结果看，开通高铁与人均 GDP 的增长速度存在负相关的关系，并且统计上显著相关。这表明开通高铁后，受影响的沿线城市相对于不受影响的外围城市经济增速放缓。表 5-2 中的第 3～5 列给出了模型 5.2 的回归结果，依次是：增加控制变量与时间函数的交互项、增加控制变量与解释变量的交互项以及增加控制变量与时间虚拟变量的交互项。它们也都显示了高铁对沿线城市负向的经济影响，并且统计上显著相关。

从表 5-2 的第 4 列来看，开通高铁后沿线城市的人均 GDP 增长速度平均减少 8.4%。而中国第一条高铁开通时间为 2008 年，这表示从 2008—2014 年这 7 年时间里，高铁沿线城市人均 GDP 增长速度相对于非沿线城市平均每年减少了 1.2%。Qin（2017）在分析中国铁路两次提速对县域经济产出的影响中，同样发现铁路提速对经济产出有着削弱作用，估计的结果约为每年减少 0.8%，略小于我们的结果。类似地，Faber（2014）在研究高速公路对中国县域经济增长的影响中，估计结果为每年减少 0.5%～0.8%。我们认为，由于高铁的平均运行速度远大于普通铁路与公路的行驶速度，其影响作用也应更大。

5.3.2 稳健性检验

1）仅对实验组的检验

由于高铁并非在同一年全部投入运营，事实上我们的实验组城市在这 8 年（2007—2014 年）中逐渐由非沿线城市转为沿线城市（见图 5-3）。因此，我们将样本缩小为这 8 年中所有受高铁开通影响的城市，即截至 2014 年的所有沿线城市，这样可以使得我们的样本城市选择更具有同质性。用这个约占总

表 5 - 2　主要回归结果

变量名	(1) ln gdp percapita	(2) ln gdp percapita	(3) ln gdp percapita	(4) ln gdp percapita	(5) ln gdp percapita	(6) ln gdp	(7) invratio	(8) gdp growth
COM_10	-0.047 6*** (0.012 1)	-0.021 1** (0.010 4)	-0.084 0* (0.043 5)	-0.021 8** (0.010 5)	-0.027 1** (0.011 5)	-0.023 3** (0.010 3)	-0.069 1** (0.034 2)	-0.012 8* (0.006 9)
constant	-4.393*** (0.004 51)	-4.423*** (0.012 2)	-4.396*** (0.004 51)	-4.397*** (0.004 42)	-4.407*** (0.015 8)	-0.880*** (0.004 26)	0.844*** (0.015 1)	1.111*** (0.004 3)
observations	13 792	13 664	13 664	13 664	1 712	13 664	13 664	11 956
R-squared	0.989	0.990	0.989	0.990	0.991	0.994	0.858	0.336

注：括号内为稳健标准误，***，**，*分别表示在 1%，5%，10% 的统计水平下显著，加入固定效应及所有控制变量；第 9 列为 GDP 增长率，标准误聚类到城市水平。

样本 12％的数据做稳健性检验,可以比较所有受影响的县级城市在高铁开通前与开通后的增长差异。表 5-2 的第 6 列给出了我们的结果。类似地,我们看到了高铁与经济增长的负向关系,并且统计上显著相关。开通高铁会使得沿线城市的经济增长相对于未开通前降低 2.71％,这一系数低于表 5-2 第 4 列全样本下的回归系数,这是由于我们在该回归中排除了受高铁影响较小的非沿线城市,两组城市间的增长差异要大于沿线城市开通前后的增长差异。

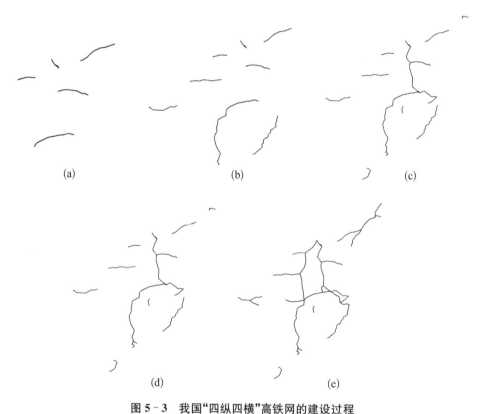

图 5-3 我国"四纵四横"高铁网的建设过程

(a) 2009 年;(b) 2010 年;(c) 2011 年;(d) 2012 年;(e) 2013 年。

2) 安慰剂检验

为了检验实证结果是否受到模型设定错误的影响,我们这里借鉴了 Chetty 等(2009)在研究税收凸显对消费者行为影响的安慰剂检验(placebo test)方法。我们根据样本中 2008—2014 年各年开通高铁的沿线城市数量,随机生成虚拟的"沿线城市"。2008 年第一条高铁线路开通后,有 16 座城市成为沿线城市,2009 年新增 25 座城市,从 2010 年到 2014 年新增的沿线城市数量依次为 89、58、1、97 和 37。根据这一组数据(16,25,89,58,1,97,37),我们在 2008 年随机生成 16 座城市作为虚拟的沿线城市,在 2009 年随机新生成 25 座城市作为虚拟的沿线城市,以此类推。我们用这样一个随机生成的样本重新估计模型,为了保证检验的可信度,我们将这一随机过程重复 500 次,生成的一系列回归系数分布如图 5 - 4 所示。我们可以看到,这样一个安慰剂检验所生成的系数基本均匀地分布于 0 的两侧,如果我们之前估计的系数位于这个概率密度曲线的中间,则有理由证明我们的模型设置不可靠。而图 5 - 4 中的竖线为我们之前估计的系数位置,它远离了该分布。这表明我们用随机生成沿线城市的方式不能获得类似的经济负向效应,证明了高铁对经济增速削减的效果并非是由于模型设定错误而造成的。

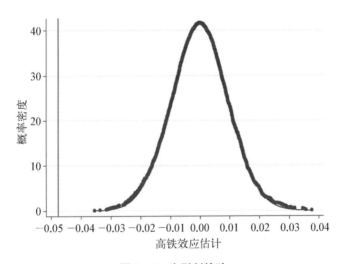

图 5 - 4　安慰剂检验

3) 事件研究

为了确认之前论证的负向效应来自开通高铁之后,并且不受实验组与控制组之前的趋势影响,我们在这里构造了事件研究模型,通过将各事件发生时间标准化,来研究开通高铁前后不同年份的影响效果。模型如下:

$$\ln(y_{it}) = \beta \sum_{k \geqslant -5}^{5+} \text{COM\_10} \times 1\{\text{year}_{t-t_0} = k\} +$$

$$\delta \text{treatment}_{it} \cdot t + \sigma(X \cdot f(t)) + \alpha_i + \gamma_t + \epsilon_{it} \qquad (5-3)$$

其中，$1\{\text{year}_{t-t_0} = k\}$ 为指示变量，t_0 为开通高铁的年份。例如，某一城市开通高铁的时间为 2010 年，k 取值 0；若为 2011 年，k 取值 1；若为 2009 年，k 取值 -1。这一方法可以将我们的样本城市的年份依据高铁开通时间标准化为 $-5, -4, -3, -2, -1, 0, 1, 2, 3, 4, 5$，帮助我们估计开通高铁当年及前后四年的效应。图 5-5 给出了高铁对县级城市经济增长的影响效应，其中 pre4 表示开通高铁前 4 年，post4 表示开通高铁后第 4 年，其他类似定义。结果显示，在高

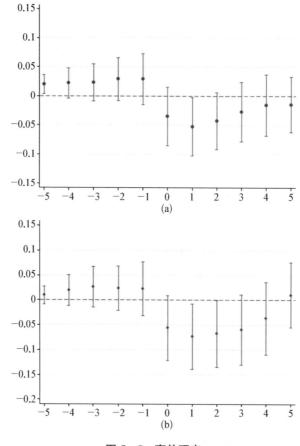

图 5-5　事件研究

(a)为 GDP；(b)为人均 GDP，95％置信区间。

铁通车的前几年,沿线城市与非沿线城市并未表现出显著的差异;而随着高铁的开通,经济增长明显下降。但我们可以看到,这种下降的趋势在高铁建成开通之后两年逐渐减弱,并呈上升趋势。这表明高铁的开通并非如 Qin(2017)等人的研究所示,仅仅体现虹吸作用。事实上,由于中国高铁发展时间相对较短,我们还无法充分验证其长期效果,从我们的研究结果来看,甚至还表现出刺激增长的作用。

4)工具变量及代理变量检验

规划当局在布局高铁线路时,除了我们已经排除的 21 个区域中心城市之外,可能会倾向于路过城镇化程度更高的地区,造成我们 DID 模型分组时的选择问题。Qin(2017)在研究中国铁路提速的经济扩散效应时用中国五大铁路线作为铁路提速的工具变量。她认为处于中国五大主要铁路线上的城市更有可能成为铁路提速的政策实施点,这一工具变量的选择能很好地解决选择问题。因此,我们也将用工具变量的方法对之前的结果做一个稳健性检验。

《中长期铁路网规划》要求通过高铁线路联结 21 个区域中心城市,我们考虑一种能达到规划要求又使得总成本最小的高速铁路网布置方法,即最小成本路径(Faber,2014)。这种成本最小的路径只和地理因素相关,因此可以很好地解决政策倾向性选择问题。这里我们借鉴了 Kruskal(1956)关于最小生成树(minimum spanning tree)的算法(见图 5-6):① 按所有边的长度排序,

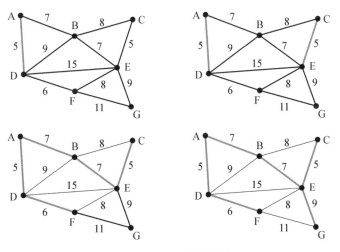

图 5-6　最小生成树算法

用排序的结果作为我们选择边的依据,首先选择最短的边 AD;② 在剩下的边中寻找,我们找到了 CE,这条边的权重也是 5;③ 依此类推我们找到了 6,7,7,完成之后,变成了第 4 张图;④ 在选择 BC 或者 EF 时,我们发现之前的图会形成回路,因此略过。依此类推,最终我们选择了 EG,最终的生成树能保证所有节点联通而又总路径最小。

利用这个方法,我们选取了高铁规划中所确定的上海、北京、武汉等 21 个节点城市作为 Kruskal 算法中的顶点,在计算每个节点城市到其他节点城市的成本路径时我们用到了如下公式:

$$成本 = 水体 \times 25 + 建成区 \times 25 + 坡度 \times 0.6 + 起伏度 \times 0.4 \quad (5-4)$$

水体表示地图栅格上该单元是否为水体(0/1),建成区表示在 2000 年该单元是否为建设区域(0/1)。这两个数据我们通过 IGBP 中国 2000 年土地覆盖数字地图获得。坡度与起伏度的数据我们通过 1 km 分辨率数字高程(DEM)模型数据集提取计算,并且利用公式(5-4)构建了每个节点城市的成本路径(见图 5-7)。完

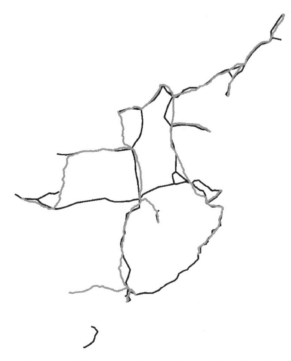

图 5-7　基于 kurskal 算法的最小生成树工具变量

成这一步骤后,我们建立起 21 个城市的 210 对两两最小成本路径矩阵,并构建了联结这 21 个城市的最小成本路径高铁网(见图 5 - 8)。

图 5 - 8　基于 kurskal 算法的直线最小生成树工具变量

此外,我们还构建了一条基于直线路径的最小生成树工具变量。21 个节点城市之间通过直线连接,这些直线总长度是所有连接方式中最短的一种(见图 5 - 8)。

在这里我们借鉴 Qin(2017)估计铁路提速效应使用的二阶段最小二乘法,用上述生成的最小生成树高铁网及直线最小生成树高铁网作为工具变量估计模型。表 5 - 3 依次为最小生成树、直线最小生成树及两者同时使用作为工具变量的第二阶段回归结果。我们可以看到使用了 3 种工具变量后,高铁对沿线城市的经济负向效应在 90% 置信度上依然显著,约为 7.7%。

GDP 数据的不真实或者样本中 GDP 数据的缺失,往往会对模型估计结果产生干扰。我们利用了 2007 年和 2013 年中国夜间灯光数据地图,生成了中

表 5－3　2SLS 第二阶段回归

变量名	(1) ln gdp percapita IV_MST	(2) ln gdp percapita IV_line	(3) ln gdp percapita IV_both
COM_10	−0.076 3* (0.043 6)	−0.076 7* (0.043 8)	−0.077 4* (0.043 6)
constant	−4.396*** (0.004 51)	−4.396*** (0.004 51)	−4.396*** (0.004 51)
observations	13 664	13 664	13 664
R-squared	0.989	0.989	0.989

注：括号内为稳健标准误，***、**、* 分别表示在1%、5%、10%的统计水平下显著；加入固定效应及所有控制变量。

国各地区平均灯光指数，作为 GDP 的代理变量来反映城市的经济活动。从表 5－4 的回归结果中我们可以看到，无论是使用 OLS 估计还是使用上述任何一种工具变量，高铁沿线城市的灯光指数增长都会有一定幅度的减小。表 5－4 第 4 列我们给出了同时利用 2 种生成树作为工具变量得到的结果，通过计算我们可以得到，沿线城市的年平均灯光指数增长速度在这 6 年里相对于非沿线城市降低了约 22%。

表 5－4　灯光变量检验

变量名	(1) ln I IV_MST	(2) ln I IV_line	(3) ln I IV_both
COM_10	−1.273*** (0.372)	−1.476*** (0.495)	−1.326*** (0.368)
constant	0.263*** (0.006 90)	0.263*** (0.006 91)	0.263*** (0.006 90)
observations	3 630	3 630	3 630
R-squared	0.985	0.985	0.985

注：括号内为稳健标准误，***、**、* 分别表示在1%、5%、10%的统计水平下显著；加入固定效应及所有控制变量。

5.4　讨论

5.4.1　产业扩散与要素流动

之前的实证结果表明,随着高铁线路的开通运营,沿线中小城市相对于非沿线的其他城市 GDP 增长速度会放缓。我们知道全世界范围内的城市化都经历了集聚与扩散的过程。Dixit-Stiglitz(1977)提出冰山成本理论,并通过垄断竞争模型解释了贸易成本与核心—边缘城市模型的关系。Helpman 和 Krugman(1985)在这基础上分析了市场规模在核心—边缘城市关系中的作用。他们认为贸易成本的降低会促进中心城市的进一步集聚,即本地市场效应(home market effect)的出现。高铁的开通使得大城市与小城市之间的贸易更为方便,贸易成本的减少将同时导致集聚力量(大城市更接近消费者或者中间要素)与扩散力量(产品竞争以及高昂的要素价格)的衰减。但正如 Krugman(1991)的观点,集聚力量的衰减速度往往慢于扩散力量的衰减速度。类似地,基于规模报酬不变的新古典贸易理论认为:由于区位因素的存在,核心城市的生产相对于边缘城市有着天然的比较优势,贸易成本的减少必然进一步加强核心城市的区位优势并减少边缘城市的产出。因此,高铁的开通可能会加强区域中心城市的区位优势,吸引要素的流入,削弱沿线城市的发展。

从市域角度来看,不同于贸易成本降低所带来的集聚效应,高铁的开通也可能引起沿线地区的本土化效应,即沿线地区的城市化引起的中心城区向外围地区的扩散效应。Baum-Snow 等(2012)在对中国城市化的研究中发现,伴随着中国的城市化,产业的扩散也同时进行,中心城市的人口数量以较高速度增长,而外围城市同时经历着工业化的快速发展。他们认为,道路与铁路的建设是引起中国城市化及产业扩散的主要因素。

鉴于此,我们首先将从两个方面进一步分析高铁效应的影响机制:① 高铁开通所引起的区域中心城市与外围中小城市之间贸易成本的降低,吸引了外围城市的要素流动,要素进一步向中心城市集聚;② 高铁的开通促进了沿线中小城市的城市化,过程中所出现的产业扩散使得生产活动向其腹地城市转移,降低其自身的增长速度。为了分析沿线城市自身城市化所带来的扩散效应及城市化对腹地城市的"溢出效应",我们将沿线城市相邻的外围城市定义为其影响腹地,城市的选择通过 ArcGIS 完成(见图 5 - 9)。这样我们之前的模型又增加了一个沿线城市腹地的虚拟变量(hinterland),即当一座城市属于沿线城市的腹地时,变量取值为 1,反之取值为 0。

图 5 - 9　高铁沿线的腹地

　　一方面,如果沿线中小城市的经济增长减缓是由于城市化导致的产业扩散,我们应该看到,高铁的开通使得沿线城市的城市化水平相对于非沿线城市有着更快的增长。这也表明,与沿线城市直接相邻的腹地会受到城市扩散所带来的溢出,相对于更远的外围城市应该有着较高的增长。另一方面,如果区域中心城市的集聚削弱了沿线中小城市的经济增长,则以上两种现象不会出现。随着到高铁线路距离的增加,中小城市受到来自中心城市的"黑洞"作用逐渐衰减,增长速度应该逐渐加快。表 5 - 5 的第 2～3 列给出了高铁开通对沿线城市的城市化率增长的影响估计。其中,第 2 列被解释变量是非农业人口占城市总人口的比例,第 3 列是非农户数占城市总户数的比例。特别地,我们发现沿线城市并未因为高铁的开通而使城市化率增长速度加快(表 5-5 第 2 列及第 3 列系数均为负),这表明自身的城市化可能引起的产业扩散并不是城市经济增速放缓的原因。我们在之前的模型上增加了沿线城市腹地(hinterland)这一虚拟变量,回归结果放在表 5-5 的第 4~5 列。从两组不同控制变量设定的回归结果来看,hinterland 系数为负且统计上显著,表明沿线城市外围的腹地城市相较于外围的其他城市经济增速并未提高。这也说明高铁沿线城市经济增速的下降主要不是因为自身产业的扩散,因为并未惠及其辐射腹地,相反却吸引了腹地城市向自身集聚,但是这种效果不如其向区域中心城市集聚的效果明显。投资与人力资本作为生产中的 2 个基本要素,往往对最终产出有着重要影响。我们从表 5-5 第 8 列可以看到,随着高铁的开通,沿线城市固定资产投资占 GDP 的比重下降。如果是因为大城市的虹吸作用,那么我们应该看到,随着高铁的开通,大城市的投资水平相对于沿线中小城市增长更快。为了检验这一机制,我们在模型中增加了高铁开通虚拟变量与大城市区域的交互项 node_COM10,用全样本进行回归分析。从表 5-5 第 8 列的回归结果来看,一方面,高铁的开通并未使大城市相对于小城市投资增速,因此需要否定资本要素流出这一机制。另一方面,人力资本也可以影响城市产出,高铁的开通方便了劳动力的流动。张学良(2012)提出,20 世纪 90 年代以来中国劳动力市场建设取得了较大进展,交通基础设施可以加快人力资本的跨区域流动,增强发达地区对落后地区的"虹吸效应"。因此,人力资本的流出可能是造成沿线城市经济放缓的另一个原因,特别是以信息技术、金融服务等为代表的高技能行业。由于县域年鉴缺少就业的相关数据,我们使用地市数据对这一机制进行了检验,表 5-6 的回归结果验证了这一结论。具体来看,随着高铁的开通,沿线中小城市的信息与计算机服务业、科学研究与技术服务业、金融服务业等高技能行业的就业比重相应减少(表 5-6 第 2~4 列 COM_10 系数显著为负,node_COM10 系数显著为正),而代表低技能行业的住宿餐饮业和批发零售业的就业比重则没有明显减少,甚至相对上升,说明以

表 5 - 5　城市扩散与虹吸效应

变量名	(1) ln urbanratio	(2) ln urbfamilyratio	(3) ln gdp	(4) ln gdp	(5) ln gdp	(6) ln gdp	(7) ln fixedinvest	(8) ln gdp
COM_10	−0.112*** (0.039 0)	−0.132*** (0.040 3)	−0.027 2*** (0.010 4)	−0.097 7** (0.045 6)			0.002 54 (0.032 4)	−0.019 6** (0.008 6)
hinterland			−0.033 5*** (0.009 83)	−0.043 6*** (0.009 84)				
ln distcrh					0.003 78 (0.003 02)	0.008 10** (0.003 45)		
node_COM10							−0.099 0** (0.048 0)	0.106** (0.043 3)
constant	−1.823*** (0.008 11)	−0.986*** (0.007 42)	−0.880*** (0.004 26)	−0.879*** (0.004 30)	1.200*** (0.036 5)	1.151*** (0.041 5)	−0.382*** (0.010 4)	−0.620*** (0.003 7)
observations	10 100	10 171	13 664	13 664	11 673	11 673	15 125	17 991
R-squared	0.871	0.923	0.994	0.994	0.995	0.995	0.956	0.995

注:括号内为稳健标准误,***、**、*分别表示在1%、5%、10%的统计水平下显著;加入固定效应及所有控制变量。

表 5 - 6　高技能劳动力挤出效应

变量名	(1) emp_IT	(2) emp_skill	(3) emp_finance	(4) emp_sale	(5) emp_food
COM_10	−0.102***	−0.181***	−0.123**	2.02e−05*	−0.020 9
	(0.028 1)	(0.043 4)	(0.049 6)	(1.19e−05)	(0.112)
node_COM10	0.466***	0.398***	0.327***	7.00e−05	0.223**
	(0.086 2)	(0.085 4)	(0.073 5)	(4.24e−05)	(0.092 5)
constant	1.111***	1.218***	2.311***	0.000 278***	1.119***
	(0.054 7)	(0.075 4)	(0.065 6)	(3.93e−05)	(0.141)
observations	2 125	2 123	2 129	1 873	2 105
R-squared	0.649	0.587	0.822	0.761	0.265

注：括号内为稳健标准误，***、**、* 分别表示在 1%、5%、10% 的统计水平下显著；被解释变量依次为信息与计算机服务业就业比重，科学研究与技术服务业就业比重，金融服务业就业比重，批发零售服务业就业比重和住宿餐饮业就业比重。

高技能劳动力为代表的人力资本要素向区域中心城市的集聚是引起沿线城市经济增长放缓的原因。这一结论与 Baum-Snow（2016）等人关于高速公路对中国经济增长问题的研究结论相似。他们发现交通基础设施水平的提升可以促进经济活动从腹地城市向区域中心城市集聚，而并非向所有地级城市的中心城区集聚。但这并非意味着贸易成本的降低损害了总体经济增长。相反，交通基础设施水平的提升总体上仍然促进了经济发展。

此外，我们用城市到高铁线路的距离（ln distcrh）这一变量代替了式（5-2）中的 COM_10，检验了到高铁线路的距离与经济增长速度的关系。从表 5-5 的第 7 列可以看到，ln distcrh 前系数为正，且统计上显著，表明随着到高铁线路距离的增加，中小城市的经济增长放缓趋势逐渐减弱。这也反映出由于贸易成本的降低，沿线城市受到大城市集聚效应的影响是引起其经济增速放缓的主要原因。为了进一步检验到高铁线路的距离对经济绩效的影响，我们绘制了距离和平均产出的关系图（见图 5-10）。图 5-10 中自左至右的 3 个点分别表示高铁沿线城市、沿线城市的腹地以及外围城市。我们发现这种负向效应在 90% 置信区间内，随着距离的增加呈现出逐渐减弱的趋势，特别是在最开始的那段距离之内，然而这种单调趋势并未出现拐点。Faber（2014）在研究中国高速公路对县域经济的影响中，同样认为贸易成本降低所带来的集聚效应是引起中国县域经济增长放缓的原因，这与我们的研究结果一致。但是 Faber 的分析结果显示，在距离高速公路 200 公里以外的城市不再受到影响，这与我们估计的结果不同。我们认为，相对于 Faber 研究的 2007 年之前的县域城市，从 2008 年高速铁路开通以来，中国城市空间的格局变化比之前更大，城市的辐射范围也相较于之前更广。

贸易成本的降低影响了经济增长速度，在高铁沿线城市与非沿线城市间表现出的差异性主要来自中心城市的集聚作用。那么同样是沿线城市，是否会存在差异呢？Krugman 的空间经济学理论提出，在非均衡市场中，初期的贸易成本及市场规模会在动态演变过程中起到重要作用。我们在式（5-2）的基础上，分别增加了解释变量与各城市到区域中心城市距离的交互项（distnode_COM10）以及解释变量与各城市 2000 年人口总量的交互项（pop_

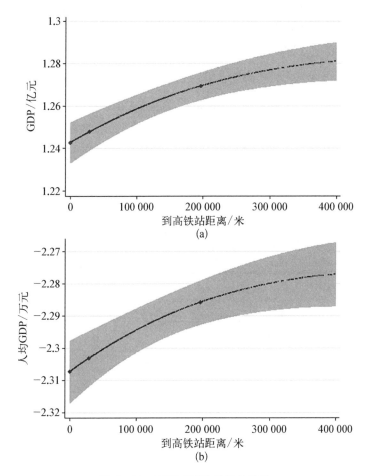

图 5 - 10 距离对高铁效应的影响

(a) GDP;(b) 人均 GDP。

注:曲线上 3 个点自左至右依次表示:高铁沿线城市、沿线城市的腹地和外围
城市;灰色区域表示 90% 置信区间。

COM10)。前者解释了在开通高铁前各城市的贸易成本,后者解释了市场规
模。我们从表 5 - 7 给出的回归结果可以看到,第 2、3 列的 distnode_COM10
前系数为正,且统计显著,表明初期贸易成本较高的中小城市城市受到来自区
域中心城市的集聚作用影响较小。这是由于集聚作用会随着贸易成本的增加
而衰减。而 pop_COM10 并未出现统计显著的系数,因此我们没有明显证据
证明市场规模对于中心城市集聚效应的制衡作用。Roberts 等(2012)在关于
中国高速公路网建设与短期经济活动的关系研究中提出,尽管高速公路网可

能会造成城乡差距的扩大,但这一问题可以通过人口的自由流动来解决。我们认为,随着高速铁路的逐渐普及,人口流动性也会增强,这会削弱城市初期市场规模的作用,而空间距离无法改变,这是我们得到上述结论的主要原因。

表 5 – 7　市场规模对高铁效应的影响

变量名	(1) ln gdp percapita	(2) ln gdp percapita	(3) ln gdp	(4) ln gdp
COM_10	−0.068 2* (0.036 4)	−0.111** (0.053 6)	−0.063 6* (0.035 9)	−0.114** (0.056 2)
distnode_COM10	2.62e−07** (1.25e−07)	2.35e−07 (1.50e−07)	3.50e−07*** (1.27e−07)	3.12e−07** (1.49e−07)
pop_COM10	2.07e−08 (3.57e−08)	9.40e−09 (3.57e−08)	−6.53e−09 (3.52e−08)	−1.60e−08 (3.59e−08)
constant	−4.397*** (0.004 42)	−4.396*** (0.004 51)	−0.880*** (0.004 26)	−0.879*** (0.004 31)
observations	13 664	13 664	13 664	13 664
R-squared	0.990	0.989	0.994	0.993

注:括号内为稳健标准误,***、**、*分别表示在1%、5%、10%的统计水平下显著;加入固定效应及所有控制变量。

5.4.2　投资拉动作用的削弱

高铁建设是一项投资规模大、工期长的工程。高铁在建设周期中产生的投资乘数效应拉动相关行业发展,从而促进经济增长。据中国铁路总公司披露的数据显示,2012 年中国高铁投资达 6 516 亿元,2016 年新增投资额达到 5 000 亿元。蒋茂荣等(2017)研究发现,仅 2012 年每亿元的高铁建设投资就能拉动社会总产出增长 3.72 亿元。然而,随着高铁建设项目的竣工,高铁投资的拉动效应减弱,将会影响经济增长。在高铁建设的同时,高铁新城建设的浪潮也正在掀起。据不完全统计,随着“四纵四横”高铁网络的逐步完善,我国正在规划建设的高铁新城已超 70 个,如宿州马鞍山现代产业园、锡东新城、德州高铁新区、南京高铁新城、湖北大悟县临战商务区、长沙高铁新城、长春市西部新城、苏州城际站等。在高铁通车使用的同时,高铁新城的配套建设也往往基本完成。近来由于规划与产业整合及资金缺口问题,一些高铁新城甚至出现了"鬼城"现象。这些不利因素也会导致短期内投资下降,影响经济增长。高铁建设涵盖的 4 个行业包括建筑业、交通运输装备制造业、通用和专用设备业以及计算机和其他电子设备制造业。蒋茂荣等(2017)通过计算得出,高铁建设中的建筑行业占上述部门总投资的 70%。另一方面,高铁新城建设也是以建筑行业投资为主,因此我们可以用建筑行业指标增长情况来检验沿线城市的投资下降情况。

图 5-11 绘制了 2005—2013 年 9 个地级市建筑业指标增长情况,分别是长沙市、成都市、福州市、清远市、渭南市、西安市、无锡市、潍坊市和台州市,选择这 9 个城市是因为它们的高铁通车时间基本都在 2010 年前后。从图 5-11可以看到,从 2010 年开始,各城市的建筑施工面积增长趋势基本都有不同程度的下降。为了能够更准确地分析高铁通车对沿线城市的影响,我们做了几个事件研究。图 5-12 显示,随着沿线城市高铁的开通,建筑行业的增长有不同程度的下降。具体来看,在高铁通车前 2 年,沿线城市建筑施工面积会逐渐

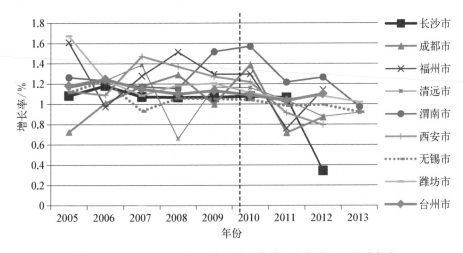

图 5-11　2005—2013 年 9 个高铁站点城市建筑施工面积增长率

注:图中竖线表示高铁开通的时间。

资料来源:区域经济年鉴。

下降,但仍然保持正的增长水平;当城市的高铁开通之后,其建筑施工面积显著下降。同样地,在高铁通车前几年,高铁沿线建筑竣工面积一直保持相对较高的增长水平;当城市的高铁开通之后,其建筑竣工面积也显著下降。通过建筑业企业产值指标,我们也得出了同样的结论。因此,随着高铁通车,投资的下降尤其是建筑行业投资的下降是导致高铁沿线城市经济增长减缓的重要原因。

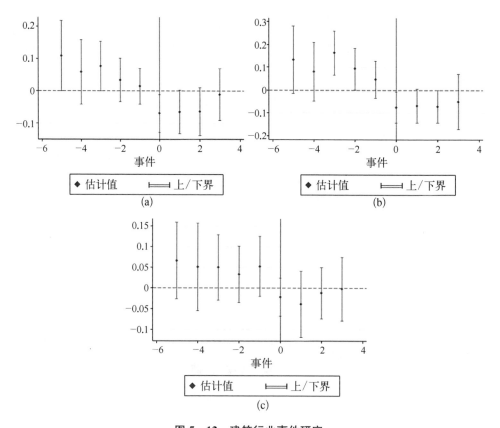

图 5‐12 建筑行业事件研究

(a) 建筑施工面积;(b) 建筑竣工面积;(c) 建筑业企业产值。

5.4.3 高铁发展对不同产业的影响

中长期铁路网规划提出的高铁建设实现客货分流,我们可以预期到高铁的建设会对服务业产生较大影响。我们对式(5‐2)替换不同被解释变量进行了估计,尽管从表 5 - 8 的回归结果可以看出服务业产出受到高铁运营的影响,但第二产业增速的放缓仍然是高铁沿线城市经济增速放缓的主要原因,而第一产业并没有在统计上显著表现出这种趋势。我们发现了一个有趣的结果,户籍人口增长也并未表现出显著异于 0 的趋势,表明大城市的城市化带动的是要素及资本的集聚,而非人口自由流动的城市化。

表 5 - 8　其他效应

变量名	(1) ln pop	(2) ln primary	(3) ln secondary	(4) ln tertiary
COM_10	−0.013 1 (0.020 1)	−0.078 5 (0.050 6)	−0.170** (0.073 7)	−0.073 2* (0.042 8)
constant	3.517*** (0.001 26)	−0.931*** (0.004 03)	−0.458*** (0.007 56)	−0.598*** (0.004 33)
observations	13 664	13 664	13 663	13 664
R-squared	0.997	0.992	0.986	0.993

注:括号内为稳健标准误,***、**、*分别表示在 1%、5%、10%的统计水平下显著;加入固定效应及所有控制变量。

5.5　本章小结

大规模交通基础设施连接了作为生产中心的大城市以及外围中小城市,这在空间差异显著的发展中国家尤为明显。通常政策导向在于将国家的经济发展绩效与地区均衡发展联系起来,而交通基础设施的发展有利于降低贸易成本,从而促进经济发展,并使经济活动从集聚中心向外扩散。本章将中国高铁这一影响贸易成本的变量视为外生变量,研究了它对经济空间分布的影响,研究结果显示:

第一,在连接各大区域中心城市的高铁线路开通后,沿线中小城市的 GDP 与人均 GDP 增长速度会下降约 2%,财政收入增速会下降约 5%。这表明高铁的发展减缓了沿线中小城市的经济增长,而非我们通常认为的中心城市扩散效应,这在非沿线城市中没有显著影响,它对特大城市的正向效应与以往的研究基本一致。

第二,交通条件的改善带来的贸易成本降低以及大城市的集聚是造成中小城市经济增长放缓的原因,这也表明了中国的城市化仍然是以区域中心城市为核心的集聚过程。这个机制的作用随着到高铁线路距离的增加而减弱,但是我们没有发现存在一个明显的拐点。

第三,不同于以往一些学者的研究,我们发现随着高铁的通车运营,大城市并未对沿线城市投资产生虹吸效应,相反还表现出扩散作用。而影响增长的重要因素来自沿线中小城市高技能劳动力的挤出。随着高铁的开通,沿线中小城市的信息与计算机服务业、科学研究与技术服务业、金融服务业等高技能行业的就业比重相应降低,而代表低技能行业的住宿餐饮业和批发零售业就业比重则没有明显降低。

第四,投资拉动作用在高铁建设期间的效果明显。随着高铁工程建设的竣工,高铁投资拉动效应减弱,最重要的建筑行业投资水平显著下降,影响着经济增长,这也是高铁开通之后经济增长减缓的重要因素。高铁作为客运交通专线,其对产出影响最大的仍然是第二产业,而对第一产业没有明显的影响。

第 6 章

高铁发展对人口流动的影响

上一章研究了高铁发展对中国经济空间分布的影响,高铁的发展促进了经济在空间上的集聚,这背后的动力来自贸易成本降低所带来的人力资本的流动。那么,在区域层面,交通成本的降低,究竟如何影响人的流动,进而对区域空间结构产生作用? 在地市层面,高铁的发展是否又会引起城市内部空间结构的改变或者郊区化? 本章将对这些问题进行分析。

6.1 引言

大规模交通基础设施影响贸易成本、企业选址、信息流通,最终影响经济绩效。一直以来,在所有关于交通基础设施的研究中,交通成本、设施类型及空间布局受到了极大的关注(Baum-Snow and Nathaniel,2007;Donaldson and Hornbeck,2016)。尽管已有大量研究验证了贸易成本对经济绩效的作用,及随之产生的城市化、空间集聚与扩散(Duranton and Turner,2012;Faber,2014)。但无论是在发达国家还是发展中国家,鲜有研究关注交通成本对人口流动的作用及其所产生的空间效应。运输成本的变化对经济绩效产生的作用是否可以被推广到人口变化,我们不得而知。究其原因,在于缺乏可信的依据及合适的空间数据。另外,城市化过程中出现的郊区化又是国内外大多数城市不可避免的趋势,高铁的发展作为各城市新的经济和空间增长点,其对城市内部空间结构的重塑作用却被忽视。

本章利用中国高速铁路建设作为拟自然实验,从人口角度研究了高铁的发展对中国区域空间分化及郊区化的影响。本章分析过程分四步：首先，我们用双重差分法检验了高铁开通对县域城市常住人口变化的影响，高铁开通促进了相关城市人口的流入还是流出？其次，我们从区域角度分析了常住人口变化引起的空间分化，区域均衡发展的目标是否能通过城市间高铁开通而实现？高铁促进了人口从相对欠发达的西部流向了东部地区和沿海地区，还是相反？不同等级的城市受到的影响是否存在差异？再次，我们分析了引起空间分化效应的机制，高铁的开通本质上带来了什么变化？那些沿线城市是否因为高铁开通而提升了自身的区位优势？或是因为城市化而产生了离心作用？我们从市场可达性视角解释了这些问题。最后，我们利用 Landscan 全球人口动态监测数据分析了高铁建设对城市内部空间结构的影响。

为了确定高铁开通的影响，实证中我们碰到的关键问题是如何选择合适的控制组（非高铁沿线城市）与实验组（高铁沿线城市）。双重差分法的使用及有效性依赖于我们实证中的两组样本具有相同的趋势，即高铁沿线城市与非高铁沿线城市在开通高铁前有着相同的增长趋势。为解决分组选择可能导致的内生性问题，我们首先通过选取一组关键变量来控制两组之间的趋势差异。其次，我们在所有城市中随机生成控制组与实验组，做了一项安慰剂检验，用以检验模型是否存在设定错误的问题。再次，我们通过事件研究将不同城市开通高铁年份标准化，检验高铁开通的预期效应及滞后效应。最后，我们构造了工具变量，利用二阶段最小二乘法进行稳健性检验。

区别于以往研究，本研究主要有以下几方面意义。首先，从研究视角看，以往较多研究关注高铁建设带来的经济增长方面的问题，本章从人口流动的角度研究了高铁建设带来的中国区域空间的分化。当前，发展中国家正面临着人口的快速增长以及城市和区域空间结构的调整，了解大规模交通基础设施对人口流动及空间分布的影响，对于发展政策的制定有着重要作用。其次，从样本选择来看，考虑到县市的异质性，本章将首先从县市维度进行实证分析。《中国县域经济发展报告（2016）》指出，根据全国 400 强样本县（市）数据统计结果显示，中国经济仍旧延续了深度调整的态势，县域经济增速总体出现更为显著的下滑，更多县域经济体出现较大幅度的负增长，给当地经济带来了严重的冲击。改善县域经济是我国当前重要的政策方向,但从县域城市出发,分析高铁对区域空间结构影响的研究还不多,更多学者将地级市作为研究单位,或者将城市按市辖区及其腹地这样的二元结构来进行研究(Baum-Snow et al.,2017)。再次,从研究方法来看,本章利用市场可达性对高铁发展给交通成本带来的变化做了比较准确的估计。由于官方没有给出高铁网络的空间信息,因而使用高铁进行定量研究存在一定的困难。不同于以往研究中有学者通过高铁运行时间大致估计高铁运行带来的时空影响(杨维凤,2010),通过现有空间位置来近似估计高铁里程(Zheng and Kahn,2013;Lin,2017)或者以单位运输成本来估算贸易成本(Donaldson and Hornbeck,2016),我们通过构造真实的高铁网络估计了城市之间交通成本的变化。最后,郊区化作为城市化中不可避免的趋势,过去的研究往往关注政策、工业化、FDI 等方面,我们从高铁发展的角度进行分析,填补了这一领域的空白。

不难发现,目前关于高铁的研究主要集中于经济发展层面,关于高铁网络的发展对城市在区域空间中的地位——市场可达性的影响研究尚属空白。我们希望通过分析高铁发展带来的城市间单位交通成本变化对市场可达性的影响,进一步论证高铁发展对中国人口流动及空间分化的作用。

加快中西部地区发展,是我国现代化战略的重要组成部分。国务院于 2000 年颁布实施的政策文件提出,将交通基础设施建设作为实施西部开发、促进区域经济发展的重要任务。并以此为依托,制定有利于西部地区吸引人才、留住人才、鼓励人才创业的政策,实施东部城市对口支持西部地区人才培训计划,鼓励农业富余劳动力合理转移和跨地区人口合理流动。在"十二五"和"十三五"规划中,我国都明确将交通基础设施作为促进区域发展的重要手段。然而,十多年来,经济发展与人口增长在空间上表现出的不均衡性仍然存在。自 2004 年《中长期铁路网规划》批复以来,国家又将高铁建设作为促进区域发展的重要措施。高速铁路的出现,颠覆了传统交通模式,极大地压缩了城市间的时空距离。高铁在中国区域空间结构演化中扮演着怎样的角色,交通成本的降低能否促进人口的流动,交通设施水平的提升通过什么来影响城市集聚,这些是我们迫切需要解决的问题。

与上一章一样,根据《中长期铁路网规划》,我们以京沪、京广、京哈、沿海、陇海、太青、沪昆、沪汉蓉为骨架的"四纵四横"线路作为我们研究的高铁网络主体,并结合铁路与公路网实证研究高铁开通对区域空间的影响。

6.2 数据和模型

6.2.1 数据介绍

本章我们使用的数据包括经济社会数据以及 GIS 数据。经济社会数据来自 2003—2014 年的县市社会经济统计年鉴以及 2000 年人口普查数据。考虑到数据缺失问题,我们在实证中主要使用的是 2007—2014 年的数据,遗漏的数据我们查阅各省区市年鉴尽量补齐;GIS 数据主要通过百度 API、地球系统科学数据共享平台、寒区旱区科学数据中心、国家铁路局提供的数字地图及信息手动处理获得。具体如下:

(1) 各县市常住人口、户籍人口、小学生数量、GDP、储蓄余额、固定资产投资、行政区域面积等,来自县市社会经济统计年鉴。

(2) 2000 年各县市的非农业人口、就业人口数量、三次产业就业人口数量、服务业就业人口数量等,来自 2000 年人口普查数据。

(3) 中国县级行政区划地图(2004 年)、中国基础地理数字地图、2013 年中国铁路及 1988 年公路数字地图①,来自国家地球系统科学数据共享平台。

(4) 中国 1 km 分辨率数字高程模型数据集、IGBP 中国 2000 年土地覆盖数字地图,来自寒区旱区科学数据中心②。

(5) 2008—2014 年高铁线路及站点,来自国家铁路局提供的信息及 12306 网上购票系统,利用百度 API 获取经纬度并生成数字化地图。

(6) 中国夜间灯光数据地图,反映了全球当地时间 20:30 至 22:00 的灯光强度,分辨率为 0.56 km;Landscan 全球人口动态统计分析数据库,反

---

① 笔者申请到的原始地图为 1988 年的铁路数字地图,根据铁路局及 12306 公布的相关信息,笔者手动将铁路地图调整更新到 2013 年。

② 这类地图用于构建成本地图,分析最小成本路径。

映了全球 30 弧秒分辨率人口分布数据,来自美国能源部橡树岭国家实验室。

(7) 各类型交通设计时速,参照国家道路交通规范。

我们将每个行政边界到最近高铁网络距离小于 10 公里的县市定义为高铁沿线城市(开通高铁)。本章所用到的 2 个边界虚拟变量——是否属于省边界及是否属于市边界,通过中国县级单位行政区划数字地图提取;构建最小生成树工具变量所用到的全国土地坡度数据,通过中国 1 km 分辨率数字高程数字地图计算生成;根据高铁规划的文件,高铁线路直连各站点城市,站点城市我们通过 12306 网站获取,并且由百度 API 获取经纬度,以此生成中国高铁线路数字地图;《中国统计年鉴》将中国区域划分为东部、中部、西部及东北,虚拟变量依此设定①;是否属于沿海县市依据《中国海洋统计年鉴》来设定。缺失的数据我们通过查阅城市统计年鉴或者省区市统计年鉴尽量补齐,涉及行政区划调整的县市我们排除在外,发生名字更换的县市我们经过统一处理后予以保留。我们在研究中剔除了西藏及香港、澳门、台湾地区,实证中的主要变量描述性统计如表 6-1 所示。

表 6-1　描述性统计

变量名	变 量 说 明	均值	方差	数据区间
CRH_pass	是否开通高铁(0/1)	0.09	0.28	2007—2014 年
MA_popu1	人口作为市场规模的可达性($\theta=1$)	12 381.95	5 213.43	2007—2014 年
MA_popu2	人口作为市场规模的可达性($\theta=2.5$)	2 458.8	27 493.47	2007—2014 年
MA_popu3	人口作为市场规模的可达性($\theta=3.8$)	118 036.5	3 635 024	2007—2014 年

---

① 依据《中国统计年鉴》,东部 10 省(市)包括北京、天津、河北、上海、江苏、浙江、福建、山东、广东和海南;中部 6 省包括山西、安徽、江西、河南、湖北和湖南;西部 12 省(区、市)包括内蒙古、广西、重庆、四川、贵州、云南、西藏、陕西、甘肃、青海、宁夏和新疆;东北 3 省包括辽宁、吉林和黑龙江。

变量名	变　量　说　明	均值	方差	数据区间
MA_gdp1	GDP 作为市场规模的可达性($\theta=1$)	42 464.76	27 373.58	2007—2014 年
MA_gdp2	GDP 作为市场规模的可达性($\theta=2.5$)	9 008.26	80 157.02	2007—2014 年
MA_gdp3	GDP 作为市场规模的可达性($\theta=3.8$)	351 269.7	9 901 190	2007—2014 年
prefect	是否市辖区(0/1)	0.11	0.31	2004 年
citystatu	是否县级市(0/1)	0.28	0.45	2004 年
prov_b	是否省边界(0/1)	0.48	0.5	2004 年
urban_b	是否市边界(0/1)	0.92	0.27	2004 年
area	行政区域面积(平方公里)	4 492.53	11 909.3	2007—2014 年
gdp03	2003 年 GDP(万元)	57.39	198.92	2003 年
realpop	常住人口数(万人)	61.99	90.78	2007—2014 年
pop	户籍人口数(万人)	57.36	63.15	2007—2014 年
mig	流动人口率(常住人口/户籍人口)	0.97	0.19	2007—2014 年
xxs	小学生数(万人)	4.24	5.11	2007—2014 年
east_dum	东部地区虚拟变量(0/1)	0.25	0.43	2004 年
mid_dum	中部地区虚拟变量(0/1)	0.26	0.44	2004 年
west_dum	西部地区虚拟变量(0/1)	0.41	0.49	2004 年
horizon_dum	是否位于横向线路(0/1)	0.07	0.26	2007—2014 年
vertical_dum	是否位于纵向线路(0/1)	0.13	0.34	2007—2014 年
sea_dum	沿海地区虚拟变量(0/1)	0.35	0.48	2004 年

6.2.2　模型设定

为了研究高铁对人口流动及区域空间结构的影响,我们使用了双重差分法进行计量分析,比较高铁开通对沿线城市与非沿线城市影响的差异。图 6-1 显示了双重差分法使用的有效性,该图描述了 2004—2014 年实验组与控制组人口对数的增长趋势[①]。在 2008 年之前,高铁沿线城市与非高铁沿线城市有着相同的人口增长趋势;而 2008 年之后,随着高铁线路的陆续开通,两组人口增长出现差异:高铁沿线城市人口增长明显快于非高铁沿线城市。我们实证中的基础模型如下:

$$\ln(y_{it}) = \alpha_i + \beta\text{CRH\_pass}_{it} + \gamma_t + \epsilon_{it} \qquad (6-1)$$

其中,i 和 t 分别表示城市 i 和年份 t;y_{it} 表示城市 i 在 t 年的常住人口数,这里我们取了对数;α_i 表示城市固定效应;CRH_pass_{it} 是我们关心的虚拟变量,表示城市 i 在 t 年是否开通高铁;γ_t 表示年份固定效应;ϵ_{it} 是随机误差项。考虑可能存在序列相关及异方差,我们将标准误聚类到城市水平。

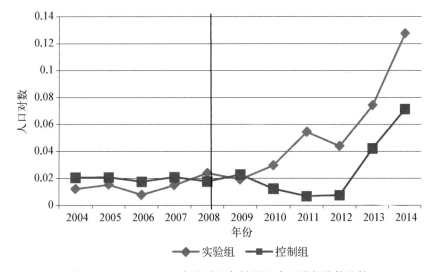

图 6-1　2004—2014 年实验组与控制组人口增长趋势比较

6.2.3　模型假定条件的识别与控制

双重差分的有效性要求在不施加政策的条件下,实验组与控制组保持相

[①]　这里的实验组指截至 2014 年的所有高铁沿线城市。

同的增长趋势。而高铁规划的线路可能并非随机选取,图6-1显示的2008年之后的人口增长差异,可能是由两组城市本身的特征差异所引起的。因此,我们需要在式(6-1)的基础上增加几个关键控制变量,使得这些能够影响增长趋势差异的因素被有效控制。根据中长期铁路网规划及国家铁路局的意见,高铁线路需要经过经济发达地区,连接各城市群,协调点线能力,集约利用土地。一般而言,市辖区及县级市相对于市辖县有着更好的区位优势,城市群的中心更可能位于省区市中心。鉴于此,我们选择了6个重要控制变量:市辖区虚拟变量(prefect)、县级市虚拟变量(citystatu)、省边界虚拟变量(prov_b)、市边界虚拟变量(urban_b)、行政区域面积(area)以及2003年经济总量(gdp03)。

表6-2给出了使用6个控制变量做的平衡性检验。从组A控制变量统计中可以看到,高铁沿线城市有22.9%是市辖区,非高铁沿线城市只有0.08%是市辖区;高铁沿线城市中有49.1%是县级市,非高铁沿线城市有22.5%是县级市;高铁沿线城市有42.8%位于省边界,非高铁沿线城市有48.9%位于省边界;高铁沿线城市有89.2%位于地级市边界,非高铁沿线城市有93.0%位于地级市边界;高铁沿线城市的面积相对于非高铁沿线城市的面积较小,经济总量则较大。这些变量比较表明,国家铁路局在规划高铁线路时的政策对于控制组的选择有比较大的影响。组B则比较了高铁沿线城市与非高铁沿线城市在2004年之前的经济社会状态,包括2000年的非农业人口、全社会就业人口、第一产业就业人口、第二产业就业人口、第三产业就业人口、2003年全社会储蓄余额以及固定资产投资。我们从表6-2第4列可以看到,高铁沿线城市与非高铁沿线城市在经济社会方面有着比较大的差异:高铁沿线城市有着更大的人口规模、更多的就业人口、更大的储蓄量、更高的固定资产投资,而第一产业的就业人口却显著低于非高铁沿线城市。表6-2组B的第5列显示,当我们控制了上述6个关键因素后,实验组与控制组之间的差异变得不再显著,使得样本在政策实施前能保持相同的增长趋势,保证了双重差分估计使用的有效性。因此,为了控制由于样本选择问题而导致的实验组与控制组差异问题,我们在式(6-1)的基础上添加了上述6个控制变量:

$$\ln(y_{it}) = \alpha_i + \beta \text{CRH\_pass}_{it} + (X \cdot f(t))'\delta + \gamma_t + \epsilon_{it} \qquad (6-2)$$

式(6-2)中，X 为我们的控制变量；$f(t)$ 为与时间趋势相关的多项式。我们将控制变量与时间交互，可以控制趋势的差异性。

表 6-2 平衡性检验

变 量 名	实验组	控制组	无条件差异	条件差异
组 A: 控制变量				
prefect	0.229 508	0.082 491	0.147***	
(%)	−0.420 58	0.275 121	(0.007 55)	
citystatu	0.491 803	0.225 621	0.266***	
(%)	0.500 006	0.418 005	(0.009 23)	
prov_b	0.428 571	0.489 757	−0.061 2***	
(%)	0.494 944	0.499 912	(0.009 42)	
urban_b	0.892 272	0.930 074	−0.037 8***	
(%)	0.310 082	0.255 031	(0.005 71)	
area	1 559.932	5 176.617	−3 617***	
(万平方公里)	1 047.243	13 122.07	(109.9)	
gdp03	163.286 9	32.644 1	130.6***	
(万元)	427.295	54.126 9	(7.324)	
组 B: 其他特征变量				
citypop00	174 947.9	84 352.07	90 596***	−11 907
(人)	251 087.2	82 741.7	(4 961)	(12 285)
emp00	37 389.57	21 583.22	15 806***	1 998
(人)	30 055.34	17 036.81	(605.8)	(1 827)
firstemp00	71.249 42	76.774 78	−5.525***	0.596
(万人)	18.370 23	14.818 8	(0.381)	(1.684)

续 表

变 量 名	实验组	控制组	无条件差异	条件差异
secondemp00	14.342 51	8.887 231	5.455 ***	0.074 2
（万人）	13.747 22	8.197 013	(0.278)	(1.143)
thirdemp00	14.408 38	14.337 95	0.070 4	−0.669
（万人）	5.978 25	8.612 257	(0.139)	(0.741)
tertiaryemp00	2 934.569	1 197.493	1 737 ***	−39.05
（万人）	4 502.53	1 168.83	(88.60)	(206.1)
cxye03	34.191 28	15.290 89	18.90 ***	−1.563
（亿元）	30.741 89	19.247 07	(0.624)	(1.169)
gdzc03	96.468 51	19.247 62	77.22 ***	1.911
（亿元）	222.468 1	31.833 06	(5.012)	(2.518)

6.3 高铁发展对人口流动的影响

6.3.1 基本回归结果

表 6-3 给出了基本回归结果。第 2 列来自式(6-1)，CRH_pass 前的系数为正，且显著异于 0，表明了高铁的开通与城市人口增加有显著的正相关性，高铁开通使得城市人口增加了 4.15%，促进了沿线城市的人口集聚。第 3 列与第 4 列分别加入了 6 个控制变量与时间的交互项：第 2 列为 Xt, Xt^2, Xt^3；第 4 列为 X 与年份虚拟变量的交互项，它们同样显示了高铁的开通与城市人口增加的显著正相关性。在加入控制变量与时间多项式交互项后，CRH_pass 系数为 0.025 7；在加入控制变量与年份虚拟变量交互项后，CRH_pass 系数为 0.021 8。第 5 列替换了被解释变量，将城市常住人口替换成城市人口流动率（mig=常住人口数/户籍人口数），意在考察高铁对城市人口流动的影响。结果显示，开通高铁会使城市人口流入平均增加 1.86%，非高铁沿线城市人口

向高铁沿线城市集聚。尽管表 6 - 3 的第 3～5 列与式(6 - 1)相比增长效应减弱,但共同揭示了高铁的集聚作用。一个有趣的现象是,我们将户籍人口作为被解释变量进行估计,尽管系数为正,但在统计检验上并没有显著异于 0,说明在户籍制度限制的条件下,人口并没有能够实现自由的流动,居住与户籍分离的现象仍然十分明显。

表 6 - 3　基本回归结果

变 量 名	(1) ln realpop	(2) ln realpop	(3) ln realpop	(4) mig	(5) ln pop	(6) ln xxs
CRH_pass	0.041 5*** (0.010 7)	0.025 7** (0.010 0)	0.021 8** (0.009 94)	0.018 6** (0.009 27)	0.000 386 (0.004 56)	0.035 4*** (0.010 4)
constant	3.692*** (0.002 12)	3.693*** (0.017 8)	3.690*** (0.002 21)	0.986*** (0.002 42)	3.623*** (0.001 22)	1.085*** (0.003 44)
city fixed effect	YES	YES	YES	YES	YES	YES
year fixed effect	YES	YES	YES	YES	YES	YES
X * f(t)		YES				
X * yeardummy			YES	YES	YES	YES
observations	12 497	12 497	12 497	12 497	18 019	18 013
R-squared	0.992	0.992	0.993	0.719	0.996	0.985

注:第 2～4 列被解释变量为城市常住人口,第 5 列被解释变量为人口流动率(常住人口数/户籍人口数),第 6 列被解释变量为户籍人口,第 7 列被解释变量为在校小学生数;括号内为稳健标准误,***、**、*分别表示在 1%、5%、10%的统计水平上显著;标准误聚类到城市水平。

6.3.2　稳健性检验

1) 替代变量检验

近年来,我国流动人口规模逐渐扩大。《中国流动人口发展报告 2016》指出,2015 年我国流动人口规模达 2.47 亿人,约占总人口的 18%,家庭化流动趋势增强。我国第六次人口普查数据显示,目前流动人口子女义务教育已基本得到保障,仅有 2.94％的适龄儿童未能接受义务教育。考虑到家庭化的流动趋势,一座城市流动人口增加,小学在读人数必定会相应增加,可以用小学生数量的变化趋势来近似反映常住人口变化的趋势①。我们在式(6-2)中用小学生数量替换常住人口数,对 CRH_pass 进行回归,结果如表 6-3 的第 7 列所示。当一座城市开通了高铁,小学生数量会增加 3.54％,且在 1％统计水平上显著,再次验证了之前高铁开通对人口集聚作用的结论。

2) 安慰剂检验

为了检验表 6-3 的实证结果是否因为模型设定错误而获得,我们这里借鉴了以往在政策研究中一些学者所使用的安慰剂检验(Chetty,2009；Li et al.,2016),通过随机生成高铁开通城市验证模型。为了与原有的高铁开通情况保持一致(2008—2014 年每年新增沿线城市数量分别为 16、25、89、58、1、97、37),我们首先在 2008 年随机生成 16 个实验组城市,2009 年保持之前的 16 个城市不变,在剩余城市中随机新生成 25 个城市作为实验组城市,以此类推,从 2010 年到 2014 年新增的实验组城市数量依次为 89、58、1、97 和 37。通过这样一组重新生成的实验组城市,我们用表 6-3 的第 4 列方程重新对样本进行估计。假定我们的模型设定正确,那么这样一个随机生成的样本应该不能使我们的 CRH_pass 系数显著异于 0,也即高铁对于人口集聚没有显著的作用,我们将这一随机过程重复 500 次。图 6-2 描绘了我们这 500 次随机抽样后估计的系数概率密度图,图中的竖线是表 6-3 第 4 列估计系数(0.021 8)的位置。该密度函数图像显示,这样一个安慰剂检验所生成的系数基本均匀地分布于 0 的两侧,标准差是 0.008 44,表明随机生成高铁沿线城市不能获得同样显著的结果。竖线位于分布函数的尾部,证明高铁对城市人口的集聚效应不是由一些不可知的因素所导致的。

---

① 根据我国义务教育制度的规定,初中后的教育需要回原籍地,因此我们没有用中学生数量代替常住人口数进行估计。

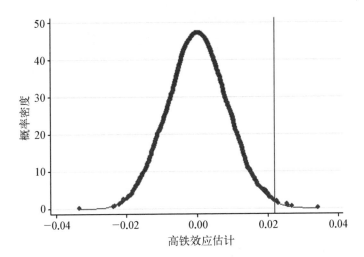

图 6-2　安慰剂检验

注：该图绘制了我们 500 次随机抽样估计的系数概率密度，竖线为表 6-3 第 4 列估计系数位置。

3）事件研究

为了验证实验组与控制组趋势相同的假设，我们在式（6-2）的基础上增加了 DID 变量的提前项与滞后项，模型如下：

$$\ln(y_{it}) = \alpha_i + \beta \sum_{k \geq -3}^{3+} \text{CRH\_pass} \times 1\{\text{year}_{t-t_0} = k\} +$$
$$(X \cdot f(t))' \delta + \gamma_t + \epsilon_{it} \tag{6-3}$$

其中，$1\{\text{year}_{t-t_0} = k\}$ 为指示变量，t_0 表示一座城市开通高铁的年份。当 $k < 0$ 时，式（6-3）的第二项表示 CRH_pass 的提前项；当 $k > 0$ 时，表示 CRH_pass 的滞后项。加入提前项是为了检验高铁开通的预期效应，即一座城市是否在高铁开通前就已受到影响；加入滞后项是为了追踪高铁开通对一座城市后续的影响。例如，某一城市开通高铁的时间为 2010 年，k 取值 0；开通时间为 2011 年，则 k 取值 1；开通时间为 2009 年，则 k 取值 -1。这一方法可以将样本城市的年份依据开通时间标准化为 -3，-2，-1，0，1，2，3，帮助我们估计开通高铁当年及前后 3 年的影响。表 6-4 给出了高铁对城市人口的回归结果，尽管 pre3、pre2 及 pre1 这 3 个提前项系数为正，但统计上不显著异于 0。在一座城市开通高铁的当年，明显表现出人口集聚的效果，post0 系数为

0.03,而在后续两年并不明显。该事件研究表明,高铁的开通对一座城市当年的人口集聚有着显著的作用,并非由于受到实验组与控制组不同趋势的影响。

表6-4　事件研究

变　量　名	ln realpop
pre3	0.005 08
	(0.009 45)
pre2	0.002 39
	(0.011 4)
pre1	0.021 3
	(0.015 5)
post0	0.030 0*
	(0.018 2)
post1	0.012 0
	(0.018 8)
post2	0.026 9
	(0.017 6)
post3	0.037 1*
	(0.019 7)
constant	3.689***
	(0.002 43)
county fixed effect	YES
year fixed effect	YES
X * yeardummy	YES
observations	12 497
R-squared	0.993

注: pre3、pre2、pre1 分别表示高铁开通前 3 年、前 2 年与前 1 年,post0、post1、post2、post3 分别表示开通高铁当年、后 1 年、后 2 年与后 3 年;括号内为稳健标准误,***、**、*分别表示在 1%、5%、10%的统计水平上显著;标准误聚类到城市水平。

4）考虑其他交通方式的影响

事实上，即使开通高铁，其客运量份额仍然只占交通运输的一小部分。而铁路、公路、水路三者加总的份额占到 80％以上[①]。西部地区虽然高铁较少，但仍然有发达的公路及普通铁路网。所以我们不能排除上面的集聚效应与其他交通方式相关的可能性，若忽略这部分因素可能会导致我们的估计结果有偏误。为了将高铁效应与其他交通因素分离，我们将各城市到铁路、公路及河流的距离与时间的交互项加入式(6-2)中[②]，这样我们可以在控制住其他交通因素影响的情况下，检验高铁对人口集聚的作用。从表 6-5 的结果中可以看到，将其他交通因素加入模型，用常住人口和人口流动率作为被解释变量进行回归，CRH_pass 前的系数依然为正(0.023 3，0.019 3)，且显著异于 0，表明高铁的开通确实能促进人口向着沿线城市集聚。

表 6-5　添加其他交通因素的回归结果

变　量　名	(1) ln realpop	(2) mig
CRH_pass	0.023 3[**] (0.010 1)	0.019 3[**] (0.009 42)
constant	3.688 (3.139e+12)	0.991 (3.705e+12)
city fixed effect	YES	YES
year fixed effect	YES	YES
X * yeardummy	YES	YES
distance_to_rail * yeardummy	YES	YES
distance_to_road * yeardummy	YES	YES

① 由于航空运输份额较小，其速度与地面交通差别较大，并且数据不易获得，本书没有将航空运输相关数据纳入其中。

② 由于地图获取所限，我们这里用 1988 年的公路、河流及 2013 年的铁路来计算。

续　表

变　量　名	(1) ln realpop	(2) mig
Distance_to_river * yeardummy	YES	YES
observations	12 497	12 497
R-squared	0.993	0.721

注：distance_to_rail 表示一座城市到最近铁路的距离，distance_to_road 表示一座城市到最近公路的距离，distance_to_river 表示一座城市到最近河流的距离；括号内为稳健标准误，***、**、* 分别表示在 1%、5%、10%的统计水平上显著；标准误聚类到城市水平。

5）工具变量法

双重差分模型识别的难点并不在于一座城市是否开通了高铁，而在于究竟是什么因素决定了它们的开通。第 3 章的平衡性检验已经证明了高铁沿线城市与非高铁沿线城市在经济社会方面显著的差异。事实上，《中长期铁路网规划》关于"四纵四横"线路的设置，已经明确提到了 21 个区域中心城市，这使得我们原本使用高铁作为拟自然实验进行双重差分估计会出现内生性问题。Faber(2014)在研究中国高速公路网对县域经济影响中，利用最小成本路径的方法构建了一个工具变量，我们借鉴这种方法，参照第 5 章的做法，对之前的实证结果做一个稳健性检验。

最小生成树的算法仅仅考虑由地理及空间因素带来的成本问题，因此该工具变量的生成不会受到主观倾向的影响。同时，这一模拟的网络在现实中并不存在，因此也不会影响人们的迁移选择。表 6-6 为二阶段最小二乘法的第一阶段估计结果。在控制了其他所有因素之后，无论使用最小生成树还是直线最小生成树，都能较好地预测高铁是否开通这一变量，同时使用 2 个工具变量也能较好地反映这一事实。3 个估计的调整 R^2 都达到 0.6 以上，表明最小生成树工具变量能较好地拟合现实中的高铁网络。表 6-7 给出了利用上述工具变量进行估计的第二阶段结果，第 2～4 列分别用最小生成树、直线最小生成树及两者一起作为工具变量。我们看到，高铁开通可以使城市人口增加约 4%～5%，且至少在 10%统计水平上显著。表 6-7 第 5～7 列为人口流

动率作为被解释变量的估计结果,除了第 6 列直线最小生成树工具变量回归
结果不显著异于 0 之外,另外 2 项在 95% 统计水平上显著为正。

表 6-6 2SLS 第一阶段回归

变 量 名	(1) CRH_pass	(2) CRH_pass	(3) CRH_pass
Line IV * year2008	0.023 7** (0.010 8)		−0.001 58 (0.011 8)
Line IV * year2009	0.082 1*** (0.017 9)		0.024 5 (0.020 7)
Line IV * year2010	0.243*** (0.028 4)		0.089 4*** (0.032 0)
Line IV * year2011	0.286*** (0.030 3)		0.111*** (0.034 9)
Line IV * year2012	0.287*** (0.030 4)		0.112*** (0.034 8)
Line IV * year2013	0.439*** (0.030 9)		0.235*** (0.037 7)
Line IV * year2014	0.437*** (0.030 8)		0.219*** (0.037 9)
MST IV * year2008		0.040 0*** (0.012 3)	0.041 0*** (0.014 1)
MST IV * year2009		0.108*** (0.018 6)	0.093 4*** (0.021 9)
MST IV * year2010		0.303*** (0.028 0)	0.249*** (0.032 7)
MST IV * year2011		0.350*** (0.029 5)	0.283*** (0.035 0)
MST IV * year2012		0.351*** (0.029 5)	0.284*** (0.035 0)

续 表

变 量 名	(1) CRH_pass	(2) CRH_pass	(3) CRH_pass
MST IV * year2013		0.471*** (0.029 8)	0.330*** (0.037 4)
MST IV * year2014		0.485*** (0.029 6)	0.354*** (0.037 9)
constant	1.53e−05 (0.003 92)	1.05e−05 (0.003 76)	1.01e−05 (0.003 71)
observations	18 004	18 004	18 004
R-squared	0.665	0.674	0.681

注：这里给出了二阶段最小二乘法的第一阶段回归结果，MST IV 表示以最小生成树作为工具变量，Line IV 表示以直线最小生成树作为工具变量；括号内为稳健标准误，***、**、* 分别表示在 1%、5%、10% 的统计水平上显著；模型加入了时间固定效应、城市固定效应及所有其他控制变量，标准误聚类到城市水平。

表 6-7 2SLS 第二阶段回归

变 量 名	(1) ln realpop MST IV	(2) ln realpop Line IV	(3) ln realpop Both IV	(4) mig MST IV	(5) mig Line IV	(6) mig Both IV
CRH_pass	0.052 7*** (0.013 6)	0.047 5* (0.028 5)	0.044 4* (0.025 0)	0.070 6** (0.035 7)	0.041 1 (0.025 5)	0.052 4** (0.024 6)
constant	3.691*** (0.001 93)	3.691*** (0.002 21)	3.691*** (0.002 21)	0.986*** (0.002 43)	0.986*** (0.002 43)	0.986*** (0.002 43)
observations	12 489	12 489	12 489	12 489	12 489	12 489
R-squared	0.993	0.993	0.993	0.719	0.719	0.719

注：这里我们给出了二阶段最小二乘法的第二阶段回归结果，MST IV 表示以最小生成树作为工具变量，Line IV 表示以直线最小生成树作为工具变量，Both IV 表示同时使用两种工具变量；第一阶段的 F 值分别为 25.24、21.47、18.09，括号内为稳健标准误，***、**、* 分别表示在 1%、5%、10% 的统计水平上显著；模型加入了时间固定效应、城市固定效应及所有其他控制变量，标准误聚类到城市水平。

6.3.3 异质性与区域空间分化

高铁的开通压缩了城市间的时空距离，从前文的结果可以看到，总体上人口向着高铁沿线城市集聚。在近些年国家的区域均衡发展政策之下，交通成本的下降是否会使区域之间存在差异？为了检验高铁对不同区域影响的异质性，我们把样本划分为3个区域，以中部及东北地区作为参照组，将东部地区和西部地区与之比较。我们在式(6-2)的基础上增加了东部与西部的虚拟变量，表6-8的第2～4列显示，东部地区有着更为明显的人口增长。特别地，从表6-8第2列我们看到，相对于参照组高铁沿线的城市常住人口增加4.47%，这在西部地区并不显著；而第4列显示，西部开通高铁会使得沿线城市小学生数量相对减少7.85%；我们在第8列使用了最小生成树工具变量对常住人口数进行了估计，也得出了同样的结果。以上结果表明，高铁的开通更多地促进了人口跨区域的流动，使人口从西部地区往东部地区集聚。

表6-8　高铁开通与空间分化

变量名	(1) ln realpop	(2) mig	(3) ln xxs	(4) ln realpop	(5) ln realpop	(6) ln realpop	(7) MST IV
CRH_pass	0.001 02 (0.011 8)	0.012 0 (0.011 7)	−0.011 1 (0.013 9)	−0.090 4* (0.049 3)	−0.006 24 (0.013 6)	−0.003 92 (0.012 6)	0.035 4 (0.028 2)
east_pass	0.044 7** (0.021 8)	0.014 6 (0.017 9)	0.115*** (0.019 9)				0.041 3** (0.018 4)
west_pass	0.001 85 (0.029 9)	−0.000 797 (0.029 1)	−0.078 5*** (0.024 4)				−0.001 29 (0.028 0)
vertical_pass				0.113** (0.047 6)			
horizon_pass				0.089 2* (0.048 0)			
south_pass					0.041 1** (0.020 2)		
sea_pass						0.047 0** (0.019 5)	

续　表

变量名	(1) ln realpop	(2) mig	(3) ln xxs	(4) ln realpop	(5) ln realpop	(6) ln realpop	(7) MST IV
constant	3.690 *** (0.002 20)	0.986 *** (0.002 42)	1.085 *** (0.003 41)	3.690 *** (0.002 20)	3.690 *** (0.002 21)	3.690 *** (0.002 20)	3.691 *** (0.002 20)
observations	12 497	12 497	18 013	12 497	12 497	12 497	12 489
R-squared	0.993	0.719	0.985	0.993	0.993	0.993	0.993

注：east_pass 为东部地区和 CRH_pass 的交互项，west_pass 为西部地区和 CRH_pass 的交互项，vertical_pass 为纵向线路和 CRH_pass 的交互项，south_pass 为南方地区和 CRH_pass 的交互项，sea_pass 为沿海地区和 CRH_pass 的交互项；括号内为稳健标准误，*** 、** 、* 分别表示在 1%、5%、10% 的统计水平上显著；模型加入了时间固定效应、城市固定效应及所有其他控制变量，标准误聚类到城市水平。

目前关于中国东西部差异的研究比较多，较少关注南北差异的问题。"四纵四横"高铁网络除了连接西部欠发达区域与东部发达区域外，也将南北连接起来。本研究中，我们将高铁网络的"四纵"与"四横"分开进行比较（见图 6-3）。我们发现，纵向线路对人口的集聚作用比横向更大。表 6-8 第 5 列显示，纵向线路的沿线城市人口增长相对于横向线路增加 2.38%，这一结果在 1% 统计水平上显著。为了进一步比较南北的差异，我们在式（6-2）的基础上增加南方地区的虚拟变量，表 6-8 第 6 列显示，南方的沿线城市人口比北方地区多 4.11%，表明人口自北向南流动。此外，人口也表现出从内陆向沿海地

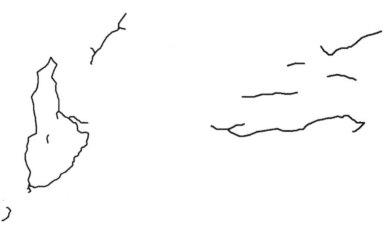

图 6-3　纵向线路与横向线路

区的集聚趋势——沿海地区沿线城市人口增加 4.7%(见表 6 - 8 第 7 列)。

一般认为,大城市相较于中小城市有更大的吸引力。作为连接大城市的高铁能否进一步加强其集聚作用,本书对此也做了验证。在之前的实证中我们看到,人口流动主要表现出自西向东迁移的特征,而东部地区的大城市是否因为高铁开通而获得了更大的集聚效益,是本书关心的问题。我们将其中位于东部地区的大城市以及其他中小城市作为考察对象。通过在式(6 - 2)中加入东部大城市及其周围中小城市 2 个变量,我们发现,东部地区沿线中小城市与大城市一样,也表现出人口流入的趋势。具体来看,相对于其他城市,东部地区沿线中小城市开通高铁后人口会增加 4.68%,甚至大于大城市人口流入的速度,我们使用工具变量进行估计也得出同样的结果(见表 6 - 9)。表 6 - 9 第 3列同样显示,人口流入在中小城市表现出比大城市更大的增长,但是两者都高于非高铁沿线城市人口的增长。由于东部地区大城市在人口规模上远远大于中小城市,所以总体上仍然是人口主要的集聚地区。类似地,我们对中部地区的城市也做了比较,但我们并没有看到与东部地区相同的趋势。相反,在相对欠发达的中部地区,高铁开通促进了中心城市的人口集聚。表 6 - 9 第 4 列显示,高铁的开通使得中部地区的大城市人口增加了 9.53%,中小城市人口则减少了 3.38%;从表 6 - 9 第 5 列的人口流动率视角来看,中心城市人口增加了 7.16%,而中小城市人口流入也表现出减少的趋势。以上结果也表明,发达地区交通设施水平的提升,能在一定程度上加强大城市周围的中小城市的人口集聚;欠发达地区交通设施水平的提升往往会削弱中小城市的集聚效益,并进一步加强大城市的集聚作用。

表 6 - 9　城市等级的异质性

变量名	(1) ln realpop	(2) mig	(3) ln realpop	(4) mig	(5) MST IV
CRH_pass	0.001 06 (0.011 2)	0.010 7 (0.011 3)	0.033 4** (0.014 3)	0.024 5* (0.012 7)	0.035 3 (0.028 1)
eastcenter_pass	0.015 7 (0.062 8)	−0.077 3 (0.080 4)			0.012 1 (0.061 3)

续　表

变量名	(1) ln realpop	(2) mig	(3) ln realpop	(4) mig	(5) MST IV
eastnoncenter_ pass	0.046 8 ** (0.022 1)	0.022 7 (0.018 3)			0.043 5 ** (0.019 4)
midcenter_pass			0.095 3 (0.063 4)	0.071 6 ** (0.033 2)	
midtnoncenter_ pass			−0.038 0 ** (0.018 6)	−0.020 5 (0.016 2)	
constant	3.690 *** (0.002 20)	0.986 *** (0.002 43)	3.690 *** (0.002 20)	0.986 *** (0.002 42)	3.691 *** (0.002 20)
observations	12 497	12 497	12 497	12 497	12 489
R-squared	0.993	0.719	0.993	0.719	0.993

注：eastcenter_pass 为东部区域中心城市和 CRH_pass 的交互项，eastnoncenter_pass 为东部其他城市和 CRH_pass 的交互项，midcenter 为中部区域中心城市和 CRH_pass 的交互项，midnoncenter 为中部其他城市和 CRH_pss 的交互项；括号内为稳健标准误，***、**、* 分别表示在 1％、5％、10％的统计水平上显著；模型加入了时间固定效应、城市固定效应及所有其他控制变量，标准误聚类到城市水平。

6.4　市场可达性与空间分化

6.4.1　高铁发展与市场可达性

高铁的发展促进了人口的流动及空间上的集聚。2007 年，武汉还未开通高铁，其 3 小时通勤范围还基本限于湖北省内。而随着高铁网络的不断完善，2014 年武汉 3 小时通勤范围已经可以到达长三角地区。城市间时空距离的缩短，使得企业选址、劳动力就业有了新的选择。一方面，交通成本的降低，提升了高铁沿线城市的区位优势。经济地理学家普遍认为，城市的集聚能带来技术的溢出，企业与劳动力更愿意选择能获得更多集聚效益的大城市。另一方面，大城市较高的生产成本及生活成本又使得企业与消费者更愿意选择周围的二线城市。高铁的开通，意味着到大城市的交通成本的降低，使得消费者在发达地区的二线城市也能方便地享受到大城市的服务,而大城市产业的转移也为城市扩散创造了条件。因此,本质上而言,高铁通过改变城市间的可达性及市场联系程度来影响资源的配置。Donaldson 和 Hornbeck(2016)在研究铁路对美国经济增长作用的文献中,用市场可达性指标量化了这种由铁路建设带来的全局影响,这给我们分析由高铁引起的可达性变化,并且如何引致中国区域空间的分化提供了很好的参考。借鉴他们的研究,我们构建了如下模型:

$$\ln(y_{it}) = \alpha_i + \beta \ln(\mathrm{MA}_{it}) + (X \cdot f(t))' \delta + \gamma_t + \epsilon_{it} \qquad (6-4)$$

式(6-4)中,MA_{it} 表示城市 i 在 t 年的市场可达性,一座城市的可达性会影响该城市的人口数量。另一方面,交通设施水平的提升影响城市可达性,我们通过如下模型进行检验:

$$\ln(\mathrm{MA}_{it}) = \beta \mathrm{CRH\_pass}_{it} + (X \cdot f(t))' \delta + \gamma_t + \epsilon_{it} \qquad (6-5)$$

其中,市场可达性的计算公式如下:

$$\mathrm{MA}_o = \sum_{d=1}^{n} c_{od}^{-\theta} P_d \qquad (6-6)$$

c_{od} 表示城市 o 到城市 d 的最小交通时间成本,θ 为贸易弹性系数,P_d 为城市 d 的市场规模,n 为城市数量。我们可以看到,在使用 0/1 变量给城市进行否沿线分组时,会默认非沿线城市完全不受到高铁开通的影响,这并不符合现实。而市场可达性可以将任何一处变化给城市带来的影响都考虑进来,解决了空间上相关的问题。我们的市场可达性计算需要三部分内容:不同类型的交通模式成本参数(铁路、高铁、公路和城市内部道路)、可以保证任意两座城市联通的综合交通网络以及两两城市之间的最短交通时间。根据国家道路设计标准及国家铁路局公布的高铁信息,我们将铁路速度设置为 100 公里/小时,高铁设置为 300 公里/小时,公路设置为 80 公里/小时,城市设置为内部道路 40 公里/小时。Lin(2016)、Zheng 和 Kahn(2013)在构建高铁可达性网络时,将任意两座城市之间的高铁线路距离定义为两座城市之间直线距离的 1.2 倍,不同于这种相对粗略的估计,我们是通过构建真实的综合交通网络来

进行计算,具体步骤如下:

第一步,根据中长期铁路网规划及国家铁路局公布的信息查找每年开通的线路,通过 12306 网上购票系统查询高铁站点,利用百度 API 查找高铁站点的经纬度,通过 GIS 手动生成 2008—2014 年的高铁网络数字地图,并使用扫描的地图校对,将其添加到中国县域行政区划图上。

第二步,将 1988 年的公路及 2013 年的铁路数字地图加入高铁地图上,形成 2008—2014 年的综合交通网络地图,使得我们计算市场可达性时有 3 种交通模式——公路、铁路和高铁可供比较。

第三步,我们将每座城市的质心与相邻城市的质心用直线相连,以此作为我们的城市内部道路。为了使道路与道路夹角尽量是锐角,相邻城市的道路长度尽量两两接近,我们通过构建 TIN 三角形网络来将城市质心全部联通①。

第四步,将中国 2 000 多个县市与综合交通网络相连接,利用该网络我们计算任意两座城市质心之间的交通成本。我们将任意铁路站点与离其最近的城市道路连接,任意高铁站点与离其最近的城市道路连接,使得交通换乘得以实现(见图 6 - 4)。

利用上述方法构建的地图,我们可以计算出任意两座城市之间的最小时间成本路径,该过程我们通过 Dijkstra 算法实现。在计算市场可达性时我们需要设定 θ 值,由于贸易弹性无法直接观测到,我们参考了 Donaldson 和 Hornbeck(2016)提出的 3.8,同时也用 2.5 和 1 做了稳健性检验,再利用公式(6 - 6),我们计算出所有城市的市场可达性。

表 6 - 10 给出了式(6 - 5)的估计结果。城市开通高铁对市场可达性有着显著的影响:开通高铁使得城市可达性提升了 58.9%(表 6 - 10 第 2 列)。表 6 - 10 第 3~4 列将 θ 取值替换为 1 和 2.5,同样能看到开通高铁对市场可达性的显著提升。表 6 - 10 第 5~7 列将解释变量替换为城市到最近的高铁线路的距离对数,得到了同样的结果。具体来看,表 6 - 10 第 5 列显示到高铁的

---

① 由于没有城市内部道路的地图,我们通过手动构建这样的地图来模拟相邻城市之间的交通。

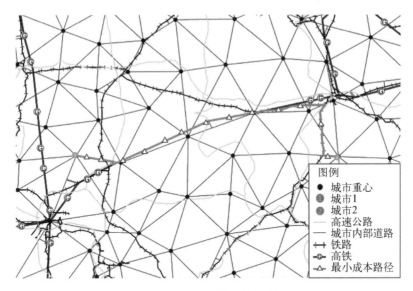

图 6-4 城市间最短路径分析

注：1、2 点之间的连线即为最短路径。

距离每增加 1%，市场可达性会减少 5.3%，这一结果在 1% 统计水平上显著；第 6～7 列也显示了同样的显著结果。最后，我们利用式（6-5）验证了市场可达性对人口的影响。表 6-10 第 8 列显示，市场可达性每提升 1%，可以引起城市常住人口增加 1.97%。以上结果表明，高铁开通首先提升了城市的市场可达性，进而又引起了城市人口的集聚。

表 6-10 高铁与市场可达性

变量名	(1) ln MA_popu3	(2) ln MA_popu1	(3) ln MA_popu2	(4) ln MA_popu3	(5) ln MA_popu1	(6) ln MA_popu2	(7) ln realpop
CRH_pass	0.589 *** (0.036 3)	0.166 *** (0.005 63)	0.450 *** (0.020 1)				
ln dist_to_ CRH				−0.053 0 *** (0.004 10)	−0.040 2 *** (0.001 74)	−0.068 1 *** (0.003 68)	
ln MA_popu3							0.019 7 ** (0.008 90)

续　表

变量名	(1) ln MA_ popu3	(2) ln MA_ popu1	(3) ln MA_ popu2	(4) ln MA_ popu3	(5) ln MA_ popu1	(6) ln MA_ popu2	(7) ln realpop
constant	5.549*** (0.003 92)	9.148*** (0.001 19)	6.433*** (0.002 51)	6.236*** (0.047 8)	9.991*** (0.020 2)	7.582*** (0.043 5)	3.579*** (0.050 6)
observations	18 016	18 016	18 016	14 584	14 584	14 584	12 488
R-squared	0.994	0.987	0.994	0.998	0.990	0.996	0.993

注：ln MA_popu3 为 θ 取 3.8 的市场可达性对数，ln MA_popu1 为 θ 取 1 的市场可达性对数，ln MA_popu2 为 θ 取 2.5 的市场可达性对数，ln dist_to_CRH 为城市到最近的高铁线路的距离对数；括号内为稳健标准误，***、**、* 分别表示在 1%、5%、10% 的统计水平上显著；模型加入了时间固定效应、城市固定效应及所有其他控制变量，标准误聚类到城市水平。

为了进一步验证上述结果的稳健性，我们将可达性计算公式 $\sum_{d=1}^{n} c_{od}^{-\theta} P_d$ 中的市场规模 P_d 用 GDP 代替。如表 6-11 所示，开通高铁可以使得一座城市的可达性提升 69.6%，这一效用比用人口作为规模估计的结果更大，并且在 1% 统计水平上显著。表 6-11 第 3~4 列也显示了类似的显著结果。这里我们同样用 ln dist_to_CRH 替换解释变量做了分析，用 GDP 作为市场规模的代理变量时，到高铁线路的距离与市场可达性之间依然存在着显著的负向关系（表 6-11 第 5~7 列）。

表 6-11　参数替换检验

变量名	(1) ln MA_ gdp3	(2) ln MA_ gdp1	(3) ln MA_ gdp2	(4) ln MA_ gdp3	(5) ln MA_ gdp1	(6) ln MA_ gdp2
CRH_pass	0.696*** (0.044 2)	0.188*** (0.006 45)	0.509*** (0.025 6)			
ln dist_to_ CRH				—0.068 1*** (0.005 69)	—0.046 0*** (0.001 91)	—0.082 1*** (0.004 85)
constant	5.983*** (0.005 24)	9.858*** (0.001 34)	7.024*** (0.003 55)	7.667*** (0.067 6)	11.54*** (0.022 2)	9.179*** (0.057 6)

续 表

变量名	(1) ln MA_ gdp3	(2) ln MA_ gdp1	(3) ln MA_ gdp2	(4) ln MA_ gdp3	(5) ln MA_ gdp1	(6) ln MA_ gdp2
observations	18 016	18 016	18 016	14 584	14 584	14 584
R-squared	0.993	0.991	0.992	0.998	0.993	0.996

注：这里用 GDP 作为城市规模,ln MA_gdp3 为 θ 取 3.8 的市场可达性对数,ln MA_gdp1 为 θ 取 1 的市场可达性对数,ln MA_gdp2 为 θ 取 2.5 的市场可达性对数,ln dist_to_CRH 为城市到最近的高铁线路的距离对数;括号内为稳健标准误,***、**、* 分别表示在 1%、5%、10% 的统计水平上显著;模型加入了时间固定效应、城市固定效应及所有其他控制变量,标准误聚类到城市水平。

6.4.2 市场可达性变化对空间分化的作用

在异质性及空间分化分析中,我们看到,高铁开通引起了人口跨区域的流动以及不同城市等级的差异。这种现象是不是由市场可达性的变化引起的?利用式(6-5),我们对此做了检验。表 6-12 的第 2~4 列给出了高铁开通对东西部城市可达性影响差异的比较结果,东部城市交互项前的系数都为正,而西部城市交互项前的系数都为负。特别地,表 6-12 第 3 列显示,相对于其他区域,东部城市开通高铁,市场可达性增加了 3.55%,并且在 1% 统计水平上显著,而西部城市则会相对减少 7.14% 的市场可达性,这验证了人口自西向东跨区域流动的原因。表 6-12 第 5~7 列显示,南方城市开通高铁后比北方城市能提高更多的市场可达性,这也是本书之前提出的人口自北向南流动的原因。关于不同城市等级的差异,本书也做了验证。具体来看,开通高铁可以使得东部中小城市提升 5.19% 的市场可达性,这一结果在 1% 水平上显著,这验证了开通高铁能进一步促进东部中小城市人口集聚[①]。郑思琪等(2013,2014)研究发现,高速铁路网增强了城市可达性,为就业与投资提供了更多可能性,通过产业转移与区域内市场整合,能显著提升二、三线城市的价值。我们认为,随着发达地区城市交通基础设施水平的提升,大城市与其周围的中小城市之间

---

① 在这里我们没有给出对中部地区城市异质性的分析。事实上,其实证结果与东部地区一致。

表6-12 市场可达性对空间分化的影响

变量名	(1) ln MA_popu3	(2) ln MA_popu1	(3) ln MA_popu2	(4) ln MA_popu3	(5) ln MA_popu1	(6) ln MA_popu2	(7) ln MA_popu3	(8) ln MA_popu1	(9) ln MA_popu2
CRH_pass	0.571*** (0.050 2)	0.156*** (0.008 12)	0.438*** (0.027 6)	0.432*** (0.040 6)	0.153*** (0.005 57)	0.358*** (0.021 8)	0.542*** (0.044 6)	0.142*** (0.007 33)	0.411*** (0.024 7)
east_pass	0.071 1 (0.077 5)	0.035 5*** (0.010 5)	0.056 8 (0.041 8)						
west_pass	−0.159 (0.107)	−0.071 4*** (0.013 3)	−0.140** (0.057 7)						
south_pass				0.299*** (0.070 2)	0.024 5** (0.010 1)	0.176*** (0.037 9)			
eastcenter_pass							0.409 (0.312)	−0.006 18 (0.032 8)	0.203 (0.132)
eastnoncenter_pass							0.089 7 (0.074 3)	0.051 9*** (0.009 90)	0.079 3** (0.040 4)
constant	5.549*** (0.003 90)	9.148*** (0.001 18)	6.433*** (0.002 49)	5.549*** (0.003 86)	9.148*** (0.001 19)	6.433*** (0.002 47)	5.549*** (0.003 88)	9.148*** (0.001 18)	6.433*** (0.002 49)
observations	18 016	18 016	18 016	18 016	18 016	18 016	18 016	18 016	18 016
R-squared	0.994	0.988	0.994	0.995	0.987	0.994	0.994	0.987	0.994

注：ln MA_popu3 为 θ 取 3.8 的市场可达性对数，ln MA_popu1 为 θ 取 1 的市场可达性对数，ln MA_popu2 为 θ 取 2.5 的市场可达性对数，括号内为稳健标准误，***、**、* 分别表示在 1%、5%、10% 的统计水平上显著；模型加入了时间固定效应、城市固定效应及所有其他控制变量，标准误差聚类到城市水平。

的时空距离大幅度缩小,显著地提升了中小城市的市场可达性,同时由于大城市在目前政策的导引下,其承载力达到瓶颈,给周围的中小城市带来了更多机遇,导致了人口往发达地区周边的中小城市流动加快。另外,高铁网络的 2 小时通勤范围基本覆盖了东部地区的大小城市,但在中部地区却没有出现这种情况。

6.5　高铁发展对郊区化的作用

城市郊区化是指当代特大城市因人口和各种职能迅速向郊区扩散转移,从而使郊区变为具有市区多种职能的城市化地域的过程。一方面,郊区化是城市化过程中不可避免的阶段。随着城市的发展,人口不断增加,而公共设施供给滞后,导致城市内部土地利用紧张,交通拥挤,居住和环境条件恶化。另一方面,郊区空间开阔,高速公路、地下铁道等现代化交通工具和设施,为人口的扩散提供了方便。高铁站点占地面积大,配套服务设施需求大,选址一般都在城市的边缘地区,在土地财政和解决老城区拥挤问题的需求的共同驱使下,各种围绕高铁站点的新城开发纷纷上马,这为城市空间结构重塑、促进人口郊区化创造了良好条件。以京沪高铁线为例,全线于 2011 年通车,绝大多数城市都已围绕高铁站点进行新城或者其他项目开发建设(见 表 6-13)。关于中国的郊区化,学者大多从政策、工业化、交通成本、FDI 等视角进行分析,关于高铁的作用还较少涉及。一些研究还仅仅处于描述阶段或者猜测性的分析(Roberts et al.,2012;Baum-Snow et al.,2016;刘修岩、艾刚,2016)。事实上,高铁的发展对中国城市空间结构的重塑有着重要作用。一方面,如上章所述,高铁作为大规模基础设施,在其建设周期中,能吸引大量的投资、劳动力,在建设过程中还能带动相关地区的其他基础设施建设,特别是与主城区交通体系的完善,为人口和工业的郊区化创造条件;另一方面,在全国开发区建设浪潮的影响下,围绕高铁站点区域的新城建设成为城市空间新的增长极,带动了城市的郊区化。因此,我们将从这个视角,分析高铁发展对城市郊区化的影响。

表 6-13 京沪线部分高铁新城

高 铁 新 城	地 区	面积/平方公里
德州高铁新区	德 州	29
相城区高铁新城	苏 州	28.52
宿州马鞍山现代产业园	宿 州	30
沧州高铁新城	沧 州	28
泰安高铁新区	泰 安	25
曲阜高铁新城	曲 阜	35.88
滕州高铁新区	滕 州	48.8
徐州高铁新城	徐 州	26

资料来源：笔者自己整理。

根据城市经济学理论,城市空间结构是指在一定历史时期内,城市各个要素通过其内在机制(包括与社会过程之间的相互关系)相互作用而表现出的空间形态。经典的城市空间结构表现为三种形式：同心圆模式、扇形模式及多核心模式(见图 6-5)。同心圆模式是指土地利用的功能分区环绕市中心向外逐渐扩展的空间结构,由内向外依次为中央商务区(CBD)、轻工业区、低档住宅区、中档住宅区、高档住宅区及外围通勤区。该模式的特点为自城市 CBD 向外集聚程度逐渐减弱。扇形模式是土地利用模式沿着交通线路由城市中心向外作扇形辐射的空间结构。该模式的特点为最具价值的居住区位于城市一侧,从 CBD 向外连续扩展,中产阶层住宅区在 CBD 的两侧,低档住宅区位于中产阶层住宅区的对面。多核心模式是围绕一个城市中心及几个次中心发展起来的模式,形成 CBD、轻工业区、重工业区、住宅区、近郊区以及卫星城镇等多功能混合的城市空间结构。

尽管城市空间结构有几种不同模式,但所有模式无一例外都包含了中央

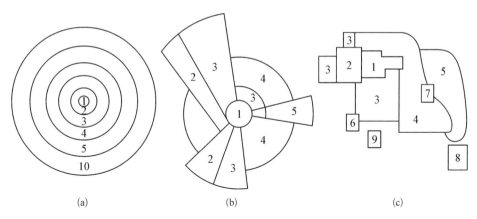

1—CBD；2—轻工业区；3—低档住宅区；4—中档住宅区；5—高档住宅区；6—重工业区；7—次中心；8—
郊区住宅区；9—郊区工业园；10—外围通勤区。

图 6‑5　城市空间结构

(a) 同心圆模式；(b) 扇形模式；(c) 多核心模式。

商务区及外围区域。因此，我们以城市空间结构的理论假设，以地市层面为研究单位，建立起分析高铁影响城市郊区化的计量模型如下：

$$\text{surburb}_i^{2010} = \alpha + \beta\text{CRH\_pass}_i + \gamma X_i + \epsilon_i \tag{6-7}$$

其中，被解释变量 surburb_i^{2010} 是城市 2010 年的郊区化指数，CRH_pass_i 是关键解释变量——是否开通高铁，α 是常数项，ϵ_i 是随机干扰项，参照以往相关的研究，我们加入了 2000 年城市郊区化指数等其他影响城市郊区化的相关变量 X_i。由于我们计算郊区化指标的动态人口统计数据样本仅有两期，因此我们通过构建这样一个 OLS 方程来分析[①]。变量具体设置如下：

（1）被解释变量，surburb_i^{2010} 为 2010 年城市的郊区化指数，表示城市建成区内距离中央商务区 3 公里半径以外的人口数与城市人口总数的比值。

（2）解释变量，CRH_pass_i 表示截至 2010 年开通高铁的城市。

（3）控制变量，surburb00 表示 2000 年城市的郊区化指数；$\ln \text{pergdp03}$ 表

---

①　由于仅有 2000 年与 2010 年两期的全球人口动态分布地图，我们通过控制住 2000 年的人口郊区化水平，来分析高铁对郊区化的影响。

示 2003 年城市人均 GDP 水平的对数;ln edu00 表示 2000 年城市人均受教育年限的对数;ln roughness 表示城市平均起伏度的对数;ln slope 表示城市平均坡度的对数。

计算郊区化指数需要用到夜间灯光栅格地图以及 Landscan 全球人口动态统计数据库的栅格地图,步骤如下:首先利用夜间灯光地图,以灯光强度值 10 为阈值,提取灯光强度大于 10 的区域作为本章的城市辖区范围。其次,利用夜间灯光地图,寻找每座城市最亮的栅格作为 CBD 的质心,并构建向外 3 公里缓冲区作为 CBD 区域。由于多核心模式的存在,我们将城市内相互独立的区域定义为不同的 CBD 区域。再次,利用 Landscan 人口动态分布地图,以每平方公里 1 000 人的密度为阈值,提取出与城市辖区相交的范围作为我们的城市建成区。最后,分别计算出 CBD 的人口数量及 CBD 之外的城市建成区人口数量,并得出郊区化指数。

本节的实证分析以式(6-7)为基础,对高铁发展与城市郊区化的关系进行检验。表 6-14 反映了全样本回归结果,第 2 列为控制住 2000 年郊区化指数的回归结果,第 3 列为添加社会经济因素的回归结果,第 4 列为添加社会经济因素和地理因素的回归结果。以上所有结果均显示,高铁的开通与城市郊区化水平有着正相关关系,且至少在 95% 水平上显著。具体来看,当我们仅控制 2000 年郊区化指数,高铁的开通能使城市郊区化指数增加 0.025;在控制了 2003 年人均 GDP 以及人均受教育年限之后,高铁的开通对郊区化的影响效果降低为 0.018 1;而在我们控制了地理因素之后,高铁的开通对城市郊区化指数的弹性为 0.014 3。从回归结果来看,2000 年郊区化水平更高的城市,在 2010 年也会有着更高的郊区化水平,表明中国城市化一旦进入郊区化阶段,其扩散速度会逐渐加快;经济发展水平较高的地区,其郊区化水平也相对较高,这符合城市化的基本规律。特别地,自然地理因素的起伏度系数在 1% 水平上显著为负,表明相对平坦的区域更利于城市的扩散,而地势复杂的区域更适合人口的集中发展,这也符合中国千年文化沿着河流及平原地区诞生发展的规律。

表 6 - 14　高铁与郊区化

变 量 名	(1) surburb	(2) surburb	(3) surburb
CRH_pass	0.025 0*** (0.007 64)	0.018 1** (0.006 99)	0.014 3** (0.005 59)
surburb00	0.670*** (0.062 7)	0.647*** (0.073 0)	0.619*** (0.060 3)
ln pergdp03		0.022 4** (0.008 56)	0.010 9 (0.007 47)
ln edu00		−0.014 6 (0.071 1)	0.010 7 (0.063 5)
ln roughness			−0.023 6*** (0.006 77)
ln slope			−0.021 3** (0.007 95)
constant	0.291*** (0.055 5)	0.128 (0.150)	0.379*** (0.121)
observations	282	266	266
R-squared	0.563	0.594	0.642

注：括号内为稳健标准误，***、**、*分别表示在 1％、5％、10％的统计水平上显著；标准误聚类到城市水平。

长期以来，由于政策因素及地理因素的不同，我国东西部城市发展也存在较大差异。之前章节的结论表明，高铁发展对东部与中部区域的不同等级城市有着不同的作用。那么对于城市的郊区化，是否也存在着地域上的差别呢？我们根据国家统计局的划分标准，将样本划分为东部、中部、西部三大区域进行分样本检验[①]，表 6 - 15 呈现了回归结果。如表 6 - 15 所示，东部地区与中部地区高铁开通变量的系数显著为正，而西部地区高铁开通变量的系数不显

————————

① 由于东北地区样本较少，这里没有单独分析。

著。出现这一结果的可能解释是：东部与中部地区城市内部有着更成熟的基础设施以及交通网络，高铁的开通能够加速这些城市的郊区化，而西部地区城市化水平相对落后，特别是要素的向外流出造成了城市扩散作用的不明显。所有地区 2000 年郊区化指数都与 2010 年城市郊区化正相关，与之前的全样本回归结果基本一致。中部地区 2003 年人均 GDP 系数为负，与全样本回归结果不一致，可能是由于中部崛起政策使得中部城市集聚趋势大于扩散趋势。东部地区 2000 年人均受教育年限系数为负，可能是因为在发达地区受教育程度较高的人更愿意住在城市中心。自然地理因素的回归结果与全样本基本一致，表明较好的地势条件能加速城市郊区化的进程。另外，我们在表 6 - 15 的第 5 列对沿海地区城市做了个分样本检验。由于沿海地区大多数城市位于东部，因此我们看到了与第 2 列相似的结果。总体来看，高铁的开通促进了各大区域的城市郊区化，在东部和中部地区尤为明显。

表 6 - 15　郊区化的分样本检验

变量名	(1) surburb 东部	(2) surburb 中部	(3) surburb 西部	(4) surburb 沿海
CRH_pass	0.013 9* (0.006 50)	0.017 7* (0.008 68)	0.018 6 (0.012 5)	0.013 9** (0.005 14)
surburb00	0.455*** (0.109)	0.581*** (0.102)	0.597*** (0.111)	0.549*** (0.093 7)
ln pergdp03	0.024 2 (0.012 6)	−0.010 6 (0.012 8)	0.003 84 (0.015 6)	0.015 1 (0.008 84)
ln edu00	−0.211** (0.064 1)	0.014 9 (0.069 2)	0.170* (0.080 8)	−0.222*** (0.062 8)
ln roughness	−0.021 3** (0.008 41)	−0.013 1 (0.008 12)	−0.021 0** (0.008 97)	−0.029 0** (0.008 89)
ln slope	−0.024 8** (0.009 65)	−0.012 1 (0.009 82)	−0.026 8** (0.011 5)	−0.029 4** (0.009 97)

变量名	(1) surburb 东部	(2) surburb 中部	(3) surburb 西部	(4) surburb 沿海
constant	0.858*** (0.128)	0.531** (0.165)	0.126 (0.157)	0.927*** (0.105)
observations	83	78	71	120
R-squared	0.537	0.511	0.652	0.621

注：括号内为稳健标准误，***、**、*分别表示在1%、5%、10%的统计水平上显著；标准误聚类到城市水平。

6.6　本章小结

发展大规模交通基础设施常常作为一个国家促进经济增长与区域均衡发展的重要手段。然而，由于缺乏足够的交通网络数据，我们往往很难估计它们的效果。本章通过构建以中国高速铁路为主体的综合交通网络，对其在区域空间及城市内部空间的作用进行了实证分析。研究结果显示：

第一，总体上高铁的开通促进了沿线城市的人口集聚，城市开通高铁会增加2.18%的常住人口，如果换算成年度效应，即每年平均增加0.27%的常住人口。这一结果表明，高铁对于促进城市人口集聚有着重要作用。

第二，我们在用户籍人口作为替代变量检验时，没有得出相同结果，这表明户籍制度在中国仍然限制着人口的流动。

第三，高铁的作用在各个区域及不同城市层级上有着明显差别。从区域视角来看，高铁的开通促进了西部地区的人口流向东部地区，北方地区的人口流向了南方地区。高铁的开通不仅促进了东部地区大城市人口的集聚，对小城市也有正向影响。但是对于相对欠发达的中部区域，这种效果并不理想。相反，高铁的开通进一步强化了中部大城市的作用，而削弱了中小城市的人口集聚。我们认为，随着发达地区城市交通基础设施水平的提升，大城市与其周围的中小城市之间的时空距离大幅度缩短,显著提升了中小城市的市场可达性,同时由于大城市在目前政策导引下,其承载力达到瓶颈,给周围的中小城市带来了更多机遇,导致了人口往发达地区周边的中小城市流动加快。

第四,通过对城市可达性分析发现,高铁的开通改变了中国城市可达性的空间格局,从而造成了区域空间分化现象。

第五,从城市内部空间来看,高铁作为大规模基础设施,在其建设周期中,能吸引大量的投资、劳动力,在建设过程中还能带动相关地区的其他基础设施建设,特别是为主城区交通体系的完善,为人口和工业的郊区化创造条件;另一方面,在全国开发区建设浪潮的影响下,围绕高铁站点区域的新城建设成为城市空间新的增长极,带动了城市的郊区化。根据夜间灯光地图数据及Landscan全球动态人口分布地图检验结果显示,无论是从全样本还是分样本回归来看,高铁的开通对城市郊区化有着明显的促进作用。

以上结论具有如下政策启示:首先,大力发展高铁的同时要兼顾相关的交通基础设施。交通成本既受到高铁的影响,也与其他交通基础设施相关。只有整体基础设施水平的提升,才能相应提升城市的市场可达性。其次,应当加强大城市的公共资源供给,打破行政束缚。陆铭(2016)提出,人类历史经历了一个农业社会不断开疆拓土,且人口均匀分布,到人口逐渐集聚在少数都市圈,而在都市圈内又集聚在核心大城市周围的过程。高铁的建设加速了人口的自由流动,这应是促进福利分配、缩小城乡差距与地区差距的重要机遇。再次,未来在制定城市发展战略时,应该更多地以大都市或者都市圈的概念去协调中心城市与外围中小城市的发展,使得中小城市能分享高铁发展带来的增长效益。最后,围绕高铁兴起的高铁新城建设应当充分考虑城市的产业结构、资源禀赋与区位优势,在遍地开花的热潮下,要避免盲目跟风而出现"鬼城"现象,造成资源的浪费。

第 7 章

高铁发展与区域一体化

全球城市化均经历了人口持续集聚、从单中心到多中心城市形态的演变。随着交通基础设施的日益完善,资本、技术、人才、信息等要素呈现出空间区域内的整合,逐步形成了都市圈或者城市群形态的区域空间结构。"十一五"规划首次提出区域协调发展战略,党的十九大报告再一次强调了区域协调发展战略的重要性,表明国家的竞争越来越表现为都市圈的竞争,区域一体化对推动经济社会协调发展起到重要作用。前两章的研究表明,高铁的发展能促进经济、人口及要素在空间上的再分配,那么是否能通过打破行政边界限制、促进市场融合进而促进区域一体化? 本章将对这一问题进行分析。

7.1 引言

一般而言,区域一体化主要表现为市场一体化及空间一体化,前者为经济发展在区域上的呈现,后者为地理空间结构在区域上的呈现。新经济地理学认为,市场的高度融合对经济增长有着重要作用,专业化的分工以及规模经济吸引了投资,并催生创新活动及技术进步。市场融合的一个重要测度来自经济体中产品价格差异的缩小,贸易成本的降低往往成为决定价格收敛的重要因素。劳动力作为一种特殊的商品,其收入水平的差异不可避免地受到贸易成本和交通成本的影响。同时,这种差异在国家层面也反映了要素及福利的分配,影响着社会经济的稳定。在中国,行政区划限制了部分要素的自由流动,阻碍了中国区域的协调统一发展。交通基础设施建设在空间融合及市场

119

融合过程中扮演着重要角色。自 2004 年《中长期铁路网规划》颁布实施以来，高速铁路的发展大幅度减少了出行时间，压缩了时空距离，改变了原有的区域格局。

20 世纪 80 年代到 21 世纪初，由于政策原因及基础设施水平的限制，中国劳动力及资本流动存在着较大的障碍，扩大了区域间的差距（Poncet，2006；Zhao，2008）。此后，随着区域发展政策的逐步实施及大规模交通基础设施建设的不断完善，要素流动成本也得以降低，总体生产率也因此获得了显著的提升（Zhu，2012）。自 Solow（1956）的新古典增长模型及 Romer（1987）的内生增长模型解释了经济发展的动力以来，大量研究关注国家层面的增长差异与收敛问题，特别是发达国家与发展中国家的差异。Gordon（2004）提出，全球化提高了大量欧洲国家的生活水平，使它们免受全球化所带来的负面影响。然而，大量的发展中国家认为，全球化导致了收入差距的扩大和城乡发展的不平衡。Barro（1991）认为，在收入收敛假设成立的条件下，欠发达国家如果跨越贫困陷阱，由于较大的劳动力规模、技术转移，因而能以更快的增长速度超越发达国家。除了地理距离、历史因素之外，贸易活动也影响着经济增长及地区差异。Slaughter（1997）证明了国际贸易对国家间收入收敛的作用。他还强调在验证国际贸易的作用时，应当区分可交易的要素与不可交易的要素。Slaughter（2001）比较了 1945 年后实施贸易开放的国家，结果显示贸易自由化扩大了国家间的收入差距。大部分研究关注国家间的增长差异，也有一些研究考察了地区间的增长差异。Parsley 和 Wei（1996）检验了美国 48 个城市购买力收敛速度。他们发现，一国内的地区收敛速度远远大于国家间的收敛速度，并且距离越远的城市收敛速度越慢。还有一部分文献关注道路、铁路及综合交通基础设施对地区差异的影响。Berry（1943）发现，1816—1860 年随着蒸汽船的引入，美国的部分商品价格差距下降了 70% 以上。Slaughter（2001）也验证了 19 世纪美国产品价格和工资水平的收敛趋势，并且他认为，1820—1860 年间运河及铁路网络的完善对此有重要影响。Collins（1999）检验了交通基础设施水平的改善对 1873—1906 年间印度工资收入的影响，研究显示，交通成本的下降促进了要素流动与货物贸易，进而促进了区域工资水平的收敛。

Roberts 等(2012)检验了中国高速公路网建设对短期经济活动的影响。利用反事实的方法,他们发现,高速公路网的建设提升了中国的真实收入水平。他们认为,尽管高速公路网可能会造成城乡差距的扩大,但这一问题可以通过人口的自由流动来解决。Chandra 和 Thompson(2000)研究了州际高速公路对美国经济活动的影响。他们发现,高速公路引起了经济活动的空间分化,造成了经济活动与劳动力向沿线城市的集聚,收入份额由此发生变化。国内学者则更多从城市化及政策视角关注区域差距及一体化问题。综合以上研究发现,交通成本的变化会影响地区间的差距,但是如何通过要素流动来产生作用以及如何去验证空间上的变化并没有太多涉及,本章将对这些问题进行深入分析,并为当今高铁的发展效用提供经验支持。

7.2 高铁发展对市场一体化的作用

本章基于 Andrabi 和 Kuehlwein(2010)及 Parsley 等(1996)的研究框架,在一价定律的理论基础上增加了"冰山成本"。与他们的研究不同的是,我们不仅加入了动态的交通成本变化过程,还区分了不同规模的城市之间的差距变化。交通成本变化对收入差距的影响背后,是要素的流动与再分配。由于过去长期的政策影响及城市化特征,要素的流动在不同城市间存在着明显的差异,我们对这些问题做了进一步的分析与论证。新经济地理学认为,在忽略贸易成本且信息完全对称的市场中,同质产品的价格应当相同。类似地,在劳动力自由流动的理想市场下,真实工资水平也应当相同。然而根据一价定律,当市场存在不完全信息及搜索成本、交通成本和贸易壁垒等问题时,价格趋同将受到影响。设 w_A 为城市 A 的工资水平,w_B 为城市 B 的工资水平,城市 A 的劳动力流动到城市 B 工作面临迁移成本,在这里我们将这种迁移成本定义为冰山成本 f,当 $(1-f)w_B > w_A$ 时,城市 A 的劳动力会流向城市 B;类似地,当 $(1-f)w_A > w_B$ 时,城市 B 的劳动力会流向城市 A。这样我们可以得到,两地的工资水平差异在 $(1-f) < w_A/w_B < 1/(1-f)$ 条件下浮动。当工资水平差异超出这一范围时,市场的套利行为又会将差异逐渐推回这一范围。

根据这一逻辑,我们设定的模型如下:

$$gap\_inc_{ijt} = \beta \ln traveltime_{ijt} + \alpha_{ij} + \gamma_t + \sigma(X \cdot f(t)) + \epsilon_{ijt} \quad (7-1)$$

gap_inc_{ijt} 为被解释变量,$\ln traveltime_{ijt}$ 为本书关注的解释变量,表示 t 年两座城市的最短通行时间的对数,α_{ij} 为城市组对的固定效应,γ_t 为年份的固定效应,X 为一组控制变量,$f(t)$ 为一组与时间相关的多项式,我们将其与控制变量交互,控制两座城市的增长趋势,ϵ_{ijt} 为随机干扰项,回归标准差聚类到城市水平。相关变量如下:

(1) 被解释变量。城市 i 与城市 j 在 t 年的收入差距(gap_inc_{ijt}),用两座城市收入对数差的绝对值表示:$gap\_inc_{ijt} = |\ln(income_{it}) - \ln(income_{jt})|$,这里收入 income 为在岗职工平均工资。假如样本中存在 n 个城市,则共生成 $n(n-1)/2$ 对城市。本书选取了 282 个地级市,每年最多可生成 39 621 组城市数据。

(2) 解释变量。$\ln traveltime_{ijt}$ 为城市 i 与城市 j 最短交通时间(小时)的对数。以往研究中,识别两城市之间的交通变化一般用 0/1 变量,即两城市之间是否有铁路或者高铁相连。然而,在如今发达的铁路及公路网下,高铁影响的不仅仅是沿线城市,同样也会影响与其相邻甚至更远的城市。这里我们通过构造综合交通网络来计算出任意两座城市间的最短交通时间。

(3) 控制变量。由于中国高速铁路建设始于 2004 年《中长期铁路网规划》的颁布,因此我们控制了 2004 年之前一些影响收入差距的因素。2003 年两座城市之间的 GDP 差距(gap_gdp03_{ij}),经济规模较大的城市一般会有更高的收入水平,初期的经济水平会影响之后的增长趋势;2003 年两座城市之间的人口差距(gap_pp03_{ij}),人口规模反映了劳动力储备,也会影响城市的增长;2000 年两座城市之间文盲率的差距($gap\_illiter00_{ij}$),我们用文盲率来近似表示教育水平,一座城市人口教育水平越高,劳动生产率也会越高,因此我们这里控制了两座城市之间初期的文盲率差距。两座城市之间空间距离的对数($\ln distance$),以往研究显示两座城市间的距离越短,其价格收敛趋势越快,收入水平作为劳动力的价格,也应具有相似的特征。

(4) 其他相关变量。关于城市间的人均投资水平差异（gap_inv$_{ijt}$），张克中和陶东杰(2016)在研究高铁的经济分布效应时,使用了人均固定资产投资这一指标。我们借鉴了这一方法,用城市间人均固定资产投资的差来衡量城市的投资水平差异,两座城市间人口水平的差异 gap_pop$_{ijt}$,两座城市间人均 GDP 的差异（gap_pergdp$_{ijt}$）,两座城市间城市居民人均收入的差异（gap_urbanear$_{ijt}$）。

以上表示水平差异的变量生成方式都类似于收入差距 gap_inc$_{ijt}$,2000 年文盲率差距 gap_illiter00$_{ij}$ 为两城市文盲率差的绝对值。本书所选取的社会经济统计数据来自 2003 年及 2007—2014 年中国城市统计年鉴和 2000 年人口普查的数据,中国铁路及公路地图来自中科院地理研究所,高铁地图通过铁道部披露的信息由 ArcGIS 数字化生成。样本去除了西藏和港、澳、台地区,主要变量描述性统计如表 7-1 所示。

表 7-1 主要变量描述性统计

变量名	说　明	观测值	均值	标准差
gap_inc	人均工资水平差距	315 844	0.243 852	0.210 202
gap_pergdp	人均 GDP 差距	315 844	0.669 897	0.507 105
gap_urbanear	城镇人均收入差距	276 330	0.247 593	0.208 187
gap_pop	人口数差距	315 844	0.761 536	0.603 864
gap_inv	人均投资差距	310 658	0.771 798	0.581 926
gap_gdp03	2003 年 GDP 差距	308 024	1.035 315	0.796 142
gap_pp03	2003 年人口数差距	308 024	0.748 72	0.603 883
gap_illiter00	2000 年文盲率差距	288 368	3.888 302	3.250 545
distance	两地间空间距离(公里)	316 968	1 219.856	694.287 5
timcty	两地间最短交通时间(小时)	316 968	14.868 4	8.240 372

7.2.1 高铁影响下的城市收入差距收敛

自2008年我国第一条高速铁路京津城际铁路开通运行后,高速铁路网已日趋完善。表7-2给出了2007—2014年交通时间变化对城市间收入差距影响的估计结果。我们从表7-2第2列可以看到,高铁网络的建设对城市间收入差距有着显著的影响,城市间交通时间每减少1%,收入差距会缩小1.72%。当我们加入控制变量之后,这一效果有所下降,表明城市的初期规模影响着其增长趋势,但我们的估计结果仍然在1%的水平上统计显著:收入差距对交通时间的弹性约为1.6%(结果见表7-2的第3~4列)。

表7-2 交通成本对收入差距的影响

变 量 名	(1) gap_inc	(2) gap_inc	(3) gap_inc
ln traveltime	0.017 2*** (0.002 24)	0.016 3*** (0.002 55)	0.016 1*** (0.002 54)
constant	0.221*** (0.006 16)	0.213*** (0.014 1)	0.227*** (0.006 94)
city fixed effect	YES	YES	YES
year fixed effect	YES	YES	YES
X * yeardummy			YES
X * f(t)		YES	
observations	315 844	283 024	283 024
R-squared	0.716	0.716	0.716

注:括号内为稳健标准误,***、**、*分别表示在1%、5%、10%的统计水平上显著。(1)为不添加任何控制变量的估计结果;(2)为加入控制变量与时间趋势多项式交互项的估计结果:X_t, X_t^2, X_t^3;(3)为加入控制变量与年份交互项:$X * year_d$;标准误聚类到城市组对水平。

一般而言,直辖市由于在经济体量及城市规模上与其他城市存在较大差异,不具有可比性,并且在所属区域内有着极强的集聚能力(蔡翼飞、张车伟,

2012)。如果放入样本中,会低估交通基础设施的作用。另外,东部沿海地区自改革开放以来一直受到中央政府的政策支持,发展趋势会与内地存在差异,尽管 2000 年之后,国家逐步将优惠政策向内陆地区倾斜,但由于初始的资本积累及天然的区位优势,仍然可能会与内陆地区存在差异(范剑勇,2004;林毅夫、刘培林,2003)。鉴于此,我们首先剔除了原样本城市组对中含有北京、上海、天津及重庆 4 个直辖市的样本,对交通时间的影响重新进行了估计。结果显示,剔除了直辖市后,交通时间对收入差距的影响依然在 1‰ 水平上显著。表 7-3 第 2 列显示,交通时间每减少 1‰,两城市的收入差距会缩小 1.7‰。另外,在表 7-3 第 3 列,我们给出了在式(7-1)上增加沿海地区控制变量的结果:收入差距对交通时间的弹性约为 1.66‰,并且在 1‰ 水平上显著。这两个结果都略大于之前估计的 1.6‰,表明直辖市的集聚作用会抵消部分高铁发展所引致的地区间差距的收敛效果,过去沿海地区的开放政策也依然影响着现在的增长趋势。此外,我们分别用人均 GDP 差距与城市居民人均收入差距来替换 gap_inc$_{ijt}$,估计交通成本变化的作用。表 7-3 第 4 列显示,交通时间减少 1‰,两城市间的人均 GDP 差距会缩小 2.81‰。表 7-3 第 5 列显示,交通时间减少 1‰,城市人均收入差距会缩小约 1.74‰,这一结果大于用职工平均工资差距估计的结果,表明在高铁的作用下,城市居民收入差距的收敛效果比农村居民更大。周云波(2009)发现,2001 年以来城市化导致农村低收入人口比例逐渐缩小,而低收入城市人口比例逐渐增加。因此,我们有理由相信,在农村收入差距本身就较小的现实背景下,高铁对城市居民收入的影响会大于农村居民收入的影响。

表 7-3 稳健性检验

变 量 名	(1) gap_inc	(2) gap_inc	(3) gap_pergdp	(4) gap_urbanear
ln traveltime	0.017 0*** (0.002 62)	0.016 6*** (0.002 68)	0.028 1*** (0.003 34)	0.017 4*** (0.001 83)
constant	0.214*** (0.007 17)	0.226*** (0.007 32)	0.625*** (0.009 11)	0.224*** (0.005 06)

续　表

变　量　名	(1) gap_inc	(2) gap_inc	(3) gap_pergdp	(4) gap_urbanear
city fixed effect	YES	YES	YES	YES
year fixed effect	YES	YES	YES	YES
X * yeardummy	YES	YES	YES	YES
X * sea_dummy		YES		
observations	274 576	283 024	283 024	212 003
R-squared	0.674	0.717	0.939	0.938

注：括号内为稳健标准误，*** 、** 、* 分别表示在1％、5％、10％的统计水平上显著；标准误聚类到城市组对水平。

　　因为历史原因及自然条件的差异，中国的地区之间存在着较大的收入差距。从总体上看，交通成本的降低缩小了城市间的收入差距，但这种差距在不同等级的城市之间是否存在差异？已有研究表明，交通基础设施水平的变化对大城市与小城市会产生不同影响（Faber，2014；Baum-Snow et al.，2016）。为了衡量这种不同等级的城市之间的差异，我们将样本城市划分为大、小城市两组。其中，大城市包括直辖市、各省的省会城市、计划单列市及早期的经济特区城市，共计31个；将其余城市定义为小城市。表7-4的第2～4列给出了异质性结论。具体来看，尽管交通时间的减少可以缩小大城市之间的收入差距，但这种影响并不显著；大城市与小城市之间的收入差距受到交通时间变化的影响显著，交通时间每减少1％，大城市与小城市之间的收入差距平均缩小约0.9％；最后，交通时间每减少1％，小城市之间的收入差距可以缩小2％。对比第3～4列，我们发现，小城市之间的收入收敛比大—小城市之间收入收敛更快，这可能是由于大城市的户籍制度及地方保护的阻碍。另一方面，我们也考察了不同距离段的城市组对。从表7-4第5～7列可以看到，当两座城市之间距离小于300公里时，这种收入差距的收敛效应并不明显；当两座城市距离在300～800公里时，交通时间减少1％，则会使得两座城市之间的收入差

距缩小约 0.8%；而当这一距离达到 800 公里以上，交通时间减少 1%能使两座
城市之间的收入差距缩小约 1.9%。较近的城市之所以没有明显的效果，我们
认为是因为交通时间与之前相比，在绝对值上的差异并不大。这一结果也表
明，高铁的出现，恰好能够满足中长距离的交通需要。

表 7-4 交通成本对收入差距影响的异质性

变量名	(1) gap_inc 城市规模 大一大	(2) gap_inc 大一小	(3) gap_inc 小一小	(4) gap_inc 城市距离 <300 km	(5) gap_inc 300~800 km	(6) gap_inc >800 km
ln traveltime	0.014 1 (−0.009 8)	0.009 51** (−0.004 23)	0.020 7*** (−0.003 21)	0.010 9 (0.010 9)	0.008 23* (0.004 30)	0.019 1*** (0.003 20)
constant	0.211*** (−0.027 8)	0.360*** (−0.011 8)	0.185*** (−0.008 72)	0.218*** (0.014 4)	0.255*** (0.009 47)	0.216*** (0.009 77)
observations	3 720	58 404	220 900	17 016	71 548	194 460
R-squared	0.915	0.875	0.624	0.665	0.742	0.710

注：括号内为稳健标准误，***、**、*分别表示在 1%、5%、10%的统计水平上显著；模型包含时间和
城市组对固定效应及所有控制变量；标准误聚类到城市组对水平。

7.2.2 要素流动的作用

之前的理论分析表明，在一价定律的作用下，如果存在收入的差异，劳动
力会流向获得更高收入的地区，从而使得地区差距缩小。人类历史经历了一
个农业社会不断开疆拓土，且人口均匀分布，到人口逐渐集聚在少数都市圈，
而在都市圈内又集聚在核心大城市周围的过程，人口的自由流动是缩小城乡
差距与地区差距的重要因素（陆铭，2016）。一方面，随着产业结构的升级换
代，人口从中小城市逐步流出可以使得资源分配更为合理，实现地区间的收入
均衡。我们认为，人口的流动是引起城市间收入差距缩小的一个原因。另一
方面，郑思琪等（2013，2014）研究发现，高速铁路网增强了城市可达性，为就业
与投资提供了更多可能性，通过产业转移与区域内市场整合，能显著提升二、

三线城市的价值。因此,我们认为资本的自由流动是促进收入差距缩小的另一个原因。假如这两个机制成立,我们应该看到,随着交通时间的缩短,小城市的人口更容易流向大城市,使得大小城市人口差距进一步扩大;相反,大城市的资本则会流向周围的小城市,使得大小城市的资本水平差距反而缩小。

表7-5给出了交通成本变化对人口差距影响的检验结果。我们从第2列看到,交通时间的减少在平均水平上使得城市间人口规模差距进一步扩大。进一步分析可发现,尽管表7-5第3列系数似乎表明交通时间的减少能缩小大城市之间的人口规模差距,但这一结果在统计上并不显著异于0。符合我们预期的是第4列,大城市与小城市之间的交通时间减少1%,它们之间的人口差距反而会增加1.89%。这也表明,随着高铁网的普及,大小城市之间的时空距离缩短,小城市的人口在总体上向大城市集聚。此外,我们从第5列可以看到,小城市之间的交通时间减少1%,可以使得它们的人口差距缩小0.46%,交通时间的缩短促进了小城市之间的人口流动,使得小城市劳动力分布更为均衡。在投资水平方面,我们也可以得到预期的结论。从表7-5第6列可看到,随着交通时间的缩短,城市之间的人均资本投资差距也随之缩小。特别地,表7-5第8列显示,交通时间减少1%可以使得大小城市之间的投资水平差距缩小15.6%,也说明资本有从大城市向小城市流动的趋势,这对促进小城市的收入增长有着极大的作用。类似地,小城市之间的交通时间减少,也能使得它们的投资水平差距缩小(表7-5第9列)。尽管表7-5第7列的结果显示交通时间与大城市之间的投资差异存在着负相关的关系,但是在统计上并不显著。对比表7-5的第4~5列及第8~9列系数,我们发现,城市间人口差距扩大的原因主要是大小城市之间人口差距的扩大,城市间投资水平差距的收敛也同样是因为大小城市间投资水平差距的收敛。Chandra和Thompson(2000)研究发现,美国州际高速公路使得大都市区域外的中小城市人口减少1%,但是总收入份额没有变化,其结果与我们的一致。以上结果表明,人口自小城市流向大城市、资本自大城市流向小城市是促进大小城市间收入差距缩小的原因。反观小城市,人口及资本差距的收敛则在更大程度上解释了它们之间收入差距的缩小。

表 7 - 5　交通成本对要素流动的影响

变量名 城市组对	(1) gap_pop	(2) gap_pop 大—大	(3) gap_pop 大—小	(4) gap_pop 小—小	(5) gap_inv	(6) gap_inv 大—大	(7) gap_inv 大—小	(8) gap_inv 小—小
ln traveltime	−0.004 06* (−0.002 42)	0.003 45 (−0.017 2)	−0.018 9*** (−0.005 17)	0.004 61* (−0.002 76)	0.093 0*** (−0.006 71)	−0.033 7 (−0.038 6)	0.156*** (−0.012 9)	0.052 0*** (−0.007 7)
constant	0.765*** (−0.006 53)	0.692*** (−0.048 2)	0.952*** (−0.014 1)	0.703*** (−0.007 41)	0.651*** (−0.018 5)	0.637*** (−0.108)	0.775*** (−0.035 7)	0.689*** (−0.021 3)
observations	283 024	3 720	58 404	220 900	278 123	3 690	575 627	216 806
R-squared	0.982	0.964	0.981	0.982	0.848	0.701	0.883	0.838

注:括号内为稳健标准误。***, **, *分别表示在 1%,5%,10% 的统计水平上显著;模型包含时间和城市组对固定效应及所有控制变量;标准误聚类到城市组对水平。

7.2.3 知识溢出的作用

除了要素流动促进了收入差距的缩小,技术扩散也是实现地区收敛的重要途径。高铁的开通能否通过城市间的交流而产生知识的外溢,缩小城市间的差距? 国家社会科学基金项目(以下简称国家社科基金)是中国最高级别的哲学社会科学类研究项目,其研究成果代表了中国哲学社会科学研究的最高水平。一个地区国家社科基金成果的多少可以间接反映该地区的知识水平。从目前的情况来看,地处北京的高校在国家社科基金项目的平均数量上拥有绝对的优势(见图 7 - 1 最左边的大圈),表明北京有着巨大的知识积累。通往北京的高铁的开通,使得从地方城市到北京的旅程变得更为便捷,北京以外的高校学者可以经常前往北京访问学习,受益于北京知识溢出的正外部性。

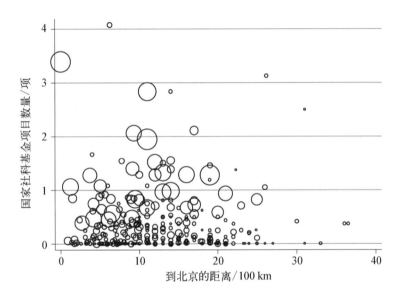

图 7 - 1　高校到北京的距离与国家社会科学基金项目平均数量

鉴于此,利用 2008—2014 年中国大陆高校和城市面板数据集,本书建立了以下形式的计量回归方程:

$$\text{Fund}_{cit} = \alpha + \beta\text{CRH}_{cit} + \gamma X_{cit} + \delta_c + \tau_t + \varepsilon_{cit} \qquad (7 - 2)$$

其中,Fund_{cit} 表示城市 c 中的高校 i 在年份 t 中标国家社会科学基金项目的数量，CRH$_{cit}$ 表示高校 i 所在的城市 c 在年份 t 是否开通了高铁，如果该年开通了高铁，则 CRH$_{cit}$ = 1，否则 CRH$_{cit}$ = 0。X_{cit} 表示一系列高校层面和城市层面控制变量，δ_c 表示城市固定效应，τ_t 表示时间固定效应，ε_{it} 表示随机干扰项。

表 7-6 的估计结果显示，某一城市通往北京的高铁的开通显著地增加了该城市内高校中标国家社会科学基金项目的数量。具体来说，相比于高铁开通前，高铁开通后某一城市内高校中标国家社会科学基金项目的数量平均增加了 0.16～0.18 个；对于百强高校子样本来说，高铁开通后中标国家社会科学基金的数量平均增加了 1.25～1.39 个。表 7-6 第 6 列的结果显示，如果我们将研究对象限制在那些获得过一个及以上国家社会科学基金项目的高校，那么高铁的开通将会使得这类学校国家社会科学基金中标数量显著地增加 0.88 个。以上结论表明，高铁的开通方便了城市间开展交流，从而促进了大城市知识的溢出与扩散，这也可能成为地区间收入差距收敛的重要原因。

表 7-6　通往北京的高铁的开通与国家社会科学基金中标数量

变量名	(1)	(2)	(3)	(4)	(5)
	国家社科基金中标数量				
βCRH$_{cit}$	1.387 0* (0.781 7)	1.253 9* (0.659 3)	0.184 4** (0.071 5)	0.165 6** (0.064 5)	0.877 6** (0.417 2)
Rank1	−0.192 4*** (0.046 2)				
Rank2		−0.166 9*** (0.032 8)			
Top10			29.825 8*** (1.398 8)	29.823 0*** (1.399 4)	24.696 9*** (1.751 5)
Top10～100			10.885 4*** (1.122 4)	10.885 9*** (1.122 0)	7.950 8*** (1.063 8)
Fiscal exp				−0.308 9 (0.225 7)	−0.573 6 (1.303 5)

续　表

变量名	(1)	(2)	(3)	(4)	(5)
	国家社科基金中标数量				
pergdp				−0.131 5 (0.224 9)	1.112 0 (1.096 0)
observations	700	700	17 843	17 617	1 931
R-squared	0.420 0	0.382 8	0.445 4	0.446 0	0.440 3

注：括号内为稳健标准误，***、**、*分别表示在1%、5%、10%的统计水平上显著；Rank1为武书连大学排名，Rank2为校友会大学排名，Top10为平均排名前10的虚拟变量，Top10~100为平均排名前10~100的虚拟变量，Fiscal exp为财政支出，pergdp为人均GDP；标准误聚类到城市水平。

7.3　高铁发展对空间一体化的作用

7.3.1　区域一体化的空间特征

高铁的建设缩短了城市间的时空距离，节省了要素交换的时间，有助于推动城市间的一体化发展。对比北京、上海、广州、武汉、郑州及成都六大枢纽城市2007—2014年相互之间的交通时间变化趋势，可以看到，从2007年的总耗时448.8小时减少到了2014年的170.5小时，每座城市的平均交通时间减少了55.7个小时，相当于到其他城市的时间减少了约11小时，时间成本降低了62%（见表7-7）。其中，交通时间减少幅度最大的是武汉和广州，分别减少了66%和64%（见图7-2）。随着高铁网络发展的不断完善，城市间的融合将会越来越紧密。

表 7-7　2007—2014 年交通时间变化

时间类型	2007年	2008年	2009年	2010年	2011年	2012年	2013年	2014年	变化值	变化率
总时间	448.8	446.9	431.6	331.6	268.2	267.5	215.7	170.5	278.3	62%
平均时间	89.8	89.4	86.3	66.3	53.6	53.5	43.1	34.1	55.7	62%

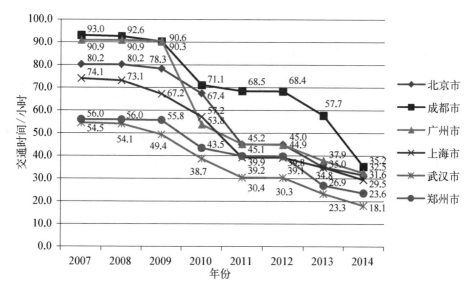

图 7 - 2　2007—2014 年 6 座城市交通时间变化情况

　　以高铁线路为基础,沿线各省市相互合作,共享资源的发展思维也越来越普及,高铁经济带的建设成为区域一体化的重要举措。关于区域一体化的概念,学术界还没有一致的定义,但有个共识:城市的行政边界趋于模糊。过去的区域规划或都市圈规划中碰到的难题往往来自行政界限的阻碍,无论是用地、基础设施或者生产行为的阻隔,都妨碍了城市间的一体化进程。因此,行政边界区域社会经济活动的变化可以很好地反映空间一体化的程度,我们将从这个角度进行分析。夜间灯光地图能够反映人类社会经济活动状态,随着灯光由暗变强,表示社会经济活动逐渐活跃。根据这一特征,我们可以通过分析城市边界附近的灯光,来检验行政边界的社会经济活动状态,进而验证空间一体化水平。

　　图 7 - 3 描绘了 2007 年与 2013 年上海及其周边城市边界灯光的变化情况,对比左右两图可以发现,2007 年各城市之间的边界灯光较暗,有较为明显的行政边界线;而到了 2013 年,随着高铁的串联,位于高铁沿线的城市边界线已不再明显。

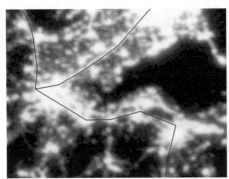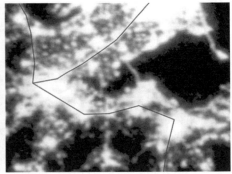

图7-3 边界夜间灯光对比

注：左图为2007年，右图为2013年，该图描绘了上海及其周边城市边界灯光的变化。

7.3.2 边界灯光数据的检验

为了进一步分析高铁对于空间一体化的作用，我们建立以下计量模型：

$$\ln \text{light}_{cit} = \beta \text{CRH\_pass}_{cit} + \gamma X_{cit} + \delta_c + \tau_t + \varepsilon_{cit} \qquad (7-3)$$

其中，$\ln \text{light}_{cit}$ 表示位于城市 c 的边界灯光栅格 i 在 t 年的灯光强度对数，在这里用来衡量区域一体化水平；CRH_pass_{cit} 表示灯光栅格 i 所在城市 c 在 t 年是否开通高铁；X_{cit} 表示城市层面的控制变量，参考以往研究，我们这里分别控制了人口规模、投资水平、第三产业比重以及财政支出；δ_c 表示城市固定效应；τ_t 表示年份固定效应；回归标准误聚类到城市水平。识别边界灯光强度需要遵循以下几步：

（1）利用地市行政区划图，提取所有城市的行政边界。

（2）提取夜间灯光地图的平方公里栅格数据。

（3）对前两步获取的地图信息进行叠加分析，将行政边界1公里范围内的灯光栅格生成为我们边界的灯光。

（4）将高铁沿线50公里范围内的边界灯光生成为实验组灯光（见图7-4）。

通过以上步骤，我们一共得到2007—2013年间的120多万个灯光栅格数据。表7-8反映了式（7-3）的估计结果，结果证明了我们的预期。具体来看，

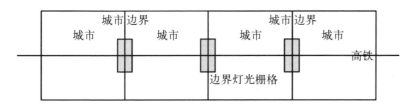

图 7 - 4　边界灯光提取

当我们仅控制城市固定效应及时间固定效应,而不加入其他控制变量时,高铁的开通会使得城市边界灯光强度提升 6.6％,这一系数在 1％水平上显著。当模型加入人口规模、投资水平、第三产业比重以及财政支出等控制变量后,CRH_pass 的系数下降为 0.057 1,但依然保持在 1％水平上的显著性。

表 7 - 8　高铁对城市边界夜间灯光的影响

变　量　名	(1) ln light	(2) ln light
CRH_pass	0.066 0 *** (0.016 7)	0.057 1 *** (0.017 2)
ln pop		0.239 * (0.134)
ln inv		−0.003 92 (0.015 7)
ratio_ter		0.643 *** (0.157)
ln financialexp		0.033 4 (0.021 8)
constant	0.482 *** (0.005 65)	−1.277 (0.800)
city fixed effect	YES	YES
year fixed effect	YES	YES

续　表

变　量　名	(1) ln light	(2) ln light
observations	1 210 482	1 199 925
R-squared	0.364	0.364

注：括号内为稳健标准误，***、**、*分别表示在1%、5%、10%的统计水平上显著；控制了城市固定效应及时间固定效应；标准误聚类到城市水平。

7.3.3　区域差异及都市圈异质性

为了检验不同区域的异质性，我们以西部及东北地区为参照组，在式(7-3)中添加了东部与中部地区变量和解释变量的交互项。表7-9显示，东部地区在开通高铁之后的灯光强度较其他地区有更明显的提高，表明东部地区的一体化水平有更大的提升，而中部地区并不是特别显著。此外，我们还比较了沿海地区与内陆的差异，从表7-9的第3列可以看到，沿海地区开通高铁相对于内陆地区能够更大程度地推动区域一体化进程。

表7-9　高铁对城市边界夜间灯光影响的异质性

变　量　名	(1) ln light	(2) ln light
CRH_pass	0.032 3 (0.024 4)	0.024 8 (0.016 9)
east_pass	0.073 8** (0.032 7)	
mid_pass	−0.038 8 (0.032 8)	
sea_pass		0.052 3* (0.027 6)

续　表

变　量　名	(1) ln light	(2) ln light
ln pop	0.234* (0.133)	0.235* (0.133)
ln inv	−0.001 24 (0.015 4)	−0.004 68 (0.015 7)
ratio_ter	0.548*** (0.156)	0.616*** (0.157)
ln financialexp	0.041 8* (0.022 0)	0.037 5* (0.022 1)
constant	−1.261 (0.790)	−1.255 (0.795)
city fixed effect	YES	YES
year fixed effect	YES	YES
observations	1 199 925	1 199 925
R-squared	0.364	0.364

注：括号内为稳健标准误，***、**、*分别表示在1%、5%、10%的统计水平上显著；控制了城市固定效应及时间固定效应；标准误聚类到城市水平。

都市圈作为城市化成熟阶段的重要标志，其发展规划越来越受到国家及地方政府的重视。从目前国内都市圈发展情况来看，有 3 个公认的且相对成熟的都市圈：珠三角、沪杭甬及京津冀。高铁 1 小时通勤圈已经分别覆盖了这三大都市圈，大小城市逐渐形成了完整的经济体。我们在式(7-3)中增加了都市圈变量与高铁开通变量的交互项 metro_pass，检验都市圈的高铁发展对区域一体化的作用。表 7-10 呈现了回归结果，从第 2 列来看，相对于其他高铁沿线城市，都市圈内的城市开通高铁对于促进区域一体化有着更明显的作用。再分别对三大都市圈进行回归分析，我们也看到了同样的结果。具体来看，开通高铁对珠三角城市边界灯光强度提升幅度为 3.28%，对沪杭甬城市边界灯光强度提升幅度为 6.56％，对京津冀城市边界灯光强度提升幅度为4.68％。对比三大都市圈的 CRH_pass 系数，可以看到沪杭甬样本的系数最高，且在 5％水平上显著，表明以目前的水平来看，沪杭甬表现出最强的一体化程度。尽管区域一体化的措施正在逐步推进，但还没有达到理想的预期。

表 7‐10　三大都市圈的异质性

变量名	(1) ln light 总体	(2) ln light 珠三角	(3) ln light 沪杭甬	(4) ln light 京津冀
CRH_pass	0.045 5 ** (0.019 4)	0.032 8 (0.019 0)	0.065 6 ** (0.026 0)	0.046 8 (0.030 7)
metro_pass	0.056 6 * (0.030 8)			
ln pop	0.222 (0.136)	−0.165 * (0.084 8)	−0.808 (0.555)	1.125 (1.018)
ln inv	−0.002 68 (0.015 5)	−0.101 ** (0.033 9)	−0.017 8 (0.050 5)	−0.045 8 (0.062 4)
ratio_ter	0.630 *** (0.158)	−0.422 (0.229)	−0.493 (1.650)	−0.233 (0.683)
ln financialexp	0.038 5 * (0.021 7)	0.176 ** (0.074 5)	0.402 (0.262)	0.230 (0.164)
constant	−1.199 (0.810)	2.797 *** (0.803)	4.947 (3.485)	−7.207 (6.378)
city fixed effect	YES	YES	YES	YES
year fixed effect	YES	YES	YES	YES
observations	1 199 925	24 934	29 288	55 475
R-squared	0.364	0.364	0.325	0.347

注：括号内为稳健标准误，***、**、* 分别表示在 1％、5％、10％的统计水平上显著；控制了城市固定效应及时间固定效应；标准误聚类到城市水平。

7.4　本章小结

全球城市化经历了人口持续集聚、从单中心到多中心城市形态的演变。随着交通基础设施的日益完善,资本、技术、人才、信息等要素呈现出空间区域内的整合,逐步形成了都市圈或者城市群形态的区域空间结构。本章从市场和空间两个维度检验了高铁发展对区域一体化的作用,研究结果显示:

第一,交通成本的降低,可以在一定程度上缩小城市间的收入差距。交通时间减少 1%,城市间的收入差距平均缩小约 1.6%,样本中剔除了直辖市后,这一结果依然显著。在控制了沿海地区的趋势后,收入差距对交通时间的弹性增加至 1.66%,表明特大城市的集聚作用及过去政策的倾向影响着城市的增长趋势。

第二,将中国城市划分为大、小城市之后,我们发现,交通时间减少 1%,大城市与小城市之间的收入差距将会减少 0.95%,小城市与小城市之间的收入差距将会减少 2%,而大城市之间的收入差距则没有明显变化。

第三,当两座城市之间的距离在 300 公里之内时,交通时间的变化对收入差距没有明显影响;当两座城市之间的距离在 300 公里以上时,交通时间的变化对收入差距的作用明显。这一结果也表明,高铁的出现,恰好能够满足中长距离的交通需要。

第四,人口及资本的流动是促进收入差距缩小的重要因素。特别地,人口的进一步集聚及投资的扩散是促进大城市与小城市之间收入收敛的主要原因,而人口及投资的差距缩小是引起小城市与小城市之间收入收敛的主要原因。高铁的发展加速了知识的溢出与扩散,这也可能是促进市场融合的一个因素。

第五,从空间角度来看,高铁的发展打破了城市行政边界的束缚,模糊了行政界限。夜间灯光数据的检验表明,高铁的发展促进了区域空间一体化的发展,特别是东部地区。都市圈规划也对一体化进程有着推动作用,从目前的水平来看,沪杭甬都市圈在三大都市圈里表现出了最高的一体化程度。

我们认为,高铁网络的逐步完善能够缩短城市时空距离,并加速各种要素的流动,对促进区域一体化与福利均衡有着重要作用。然而,当前的地方保护主义及人口政策却又限制着要素的自由流动。从我们的研究结果可以看到,尽管高铁建设所带来的交通成本的降低缩小了城市间的收入差距,但长久以来更为突出的大城市与小城市的差距并没有小城市之间收敛得快。因此,我们应当着眼全局,尊重市场规律,利用高速铁路所带来的网络效应,以区域均衡的视角去合理配置要素资源,以此来实现社会整体福利的提升。

第 8 章

研究结论及展望

本书基于拓展的核心—边缘模型,利用空间经济学、城市经济学、地理学、工具变量法以及夜间灯光数据、全球动态人口分布等多种前沿研究方法和可靠数据,考察了高铁发展对经济分布、人口流动以及区域一体化等方面的影响。

8.1 本书的研究结论

本书的主要研究结论如下:

(1)高铁的开通加速了要素的流动,在短期内会引起大城市经济的集聚与沿线中小城市经济增长的减缓,但从长期来看这种负面作用似乎正在减弱。

大规模交通基础设施联结了作为生产中心的大城市以及外围中小城市,这在空间差异显著的发展中国家尤为明显。通常政策导向在于将国家的经济发展绩效与地区均衡发展联系起来,而交通基础设施的发展有利于降低贸易成本,从而促进经济发展,并使经济活动从集聚中心向外扩散。但是在交通基础设施发展的初级阶段,这种效应并不明显。在联结各大区域中心城市的高铁线路开通后,沿线中小城市的 GDP 与人均 GDP 增长速度会下降约 2%,财政收入增速会下降约 5%。这表明高铁的发展减缓了沿线中小城市的经济增长,而非我们通常认为的中心城市扩散效应,这在非沿线城市中没有显著影响,它对特大城市的正向效应与以往的研究基本一致。高铁作为客运交通专线,对产出影响最大的产业仍然是第二产业,它对第一产业没有明显的影响。

高铁发展带来的贸易成本降低以及高技能劳动力流出是造成中小城市经济放缓的原因。这也表明了中国的城市化仍然是以区域中心城市为核心的集聚过程。这个机制的作用随着到高铁线路距离的增加而衰减，但是我们没有发现存在一个明显的拐点。不同于以往一些学者的研究，随着高铁的通车，大城市并未对沿线城市投资产生虹吸效应，相反还表现出扩散的作用。而影响增长的重要因素来自沿线中小城市高技能劳动力的挤出。随着高铁的开通，沿线中小城市的信息与计算机服务业、科学研究与技术服务业、金融服务业等高技能行业的就业比重相应减少，而代表低技能行业的住宿餐饮业和批发零售业的就业比重则没有明显减少。由于目前中国高铁建设历程相对较短，大城市的集聚是否抑制小城市的发展还不能完全确定，从短期来看，尽管高铁的通车似乎存在负面作用，但从长期来看这种负面作用似乎正在减弱。在高铁建设周期中，投资拉动效应作用明显；随着高铁工程建设的竣工，投资拉动效应逐渐减弱，最重要的建筑行业投资水平显著下降，影响着经济的增长，这也是导致高铁开通之后沿线中小城市经济增长减缓的重要因素。

（2）高铁的发展促进了人口分布的空间分化以及城市的郊区化。

总体上看，高铁的开通促进了沿线城市的人口集聚。这一结果表明，高铁对于城市人口集聚有着重要作用。高铁的作用在各个区域及不同城市层级上有着明显差别。从区域视角来看，高铁的开通促进了西部地区的人口流向东部地区，北方地区的人口流向南方地区。高铁的开通不仅促进了东部地区大城市人口的集聚，对小城市也有正向影响。但对于相对欠发达的中部区域而言，这种效果并不理想。相反，高铁的开通进一步强化了中部大城市的作用，而削弱了中小城市的人口集聚效应。我们认为，随着发达地区城市交通基础设施水平的提升，大城市与其周围的中小城市之间的时空距离大幅度缩短，显著地提升了中小城市的市场可达性，同时由于大城市在目前政策制度的限制下，其承载力达到瓶颈，给周围的中小城市带来了更多机遇，导致了人口往发达地区周边的中小城市流动加快。一方面，从城市内部空间来看，高铁作为大规模基础设施，在其建设周期中，能吸引大量的投资、劳动力，在建设过程中还能带动相关地区的其他基础设施建设，特别是为主城区交通体系的完善，为人口和工业的郊区化创造条件；另一方面，在全国开发区建设浪潮的影响下，围绕高铁站点区域的新城建设成为城市空间新的增长极，带动了城市的郊区化。根据夜间灯光地图数据及 Landscan 全球动态人口分布地图检验结果显示，无论是从全样本还是分样本回归，高铁的开通均对城市郊区化有着明显的促进作用。

（3）高铁的发展通过要素流动促进了区域一体化，有利于福利分配的均衡。

交通成本的降低，可以在一定程度上缩小城市间的收入差距，对中长距离的城市的影响更为明显，特大城市的集聚作用及过去政策的倾向影响着城市的增长趋势，人口及资本的流动是促进收入差距缩小的重要因素。人口的进一步集聚及投资的扩散是促进大城市与小城市之间收入收敛的主要原因，而人口及投资的差距缩小是引起小城市与小城市之间收入收敛的主要原因。高铁的发展加速了知识的溢出与扩散，这也可能是促进市场融合的一个因素。从空间角度来看，高铁的发展打破了城市行政边界的束缚，模糊了行政界限。夜间灯光数据的检验表明，高铁的发展促进了区域空间一体化，特别是东部地区。都市圈规划也对区域一体化进程有着推动作用。从目前的水平来看，沪杭甬都市圈在三大都市圈里表现出最高的一体化程度。

8.2　政策建议

首先，大力发展高铁的同时要兼顾相关的交通基础设施建设。交通成本既受到高铁的影响，也与其他交通基础设施相关，只有整体基础设施水平提升才能相应提升城市的市场可达性。

其次，应当加强大城市的公共资源供给，打破行政束缚。陆铭（2016）提出，人类历史经历了一个农业社会不断开疆拓土，且人口均匀分布，到人口逐渐集聚在少数都市圈，而在都市圈内又集聚在核心大城市周围的过程。高铁的建设加速了人口的自由流动，这应是完善福利分配、缩小城乡差距与地区差距的重要机遇。

再次,未来在制定城市发展战略时,应该更多地以大都市或者都市圈的概念去协调中心城市与外围中小城市的发展,使得中小城市能分享高铁发展带来的增长效益。

最后,围绕高铁兴起的高铁新城建设,应当充分考虑城市的产业结构、资源禀赋与区位优势,在遍地开花的热潮下,要避免盲目跟风而出现"鬼城"现象,造成资源的浪费。

8.3　后续研究展望

尽管本书试图全面系统地研究高铁发展对区域经济空间分化的作用及影响机理,但由于高铁网络与区域空间系统的复杂性以及数据获取的限制,本研究仍然存在不足。展望未来,还有一些问题值得我们进一步去关注:

(1)由于高铁在中国发展的时间还较短,本书还不能非常清晰地识别出高铁发展的短期效应与中长期效应,目前的一些研究在这方面仍然存在分歧。尽管本书区别了短期内投资拉动效应的削弱以及人力资本的挤出,但是中长期高铁的发展能给当地带来多大的增长收益目前还无法具体估计,这也是未来研究的一个方向。

(2)高铁是以客运为主的交通系统,它如何影响人的出行行为,特别是与此相关的包括旅游、会展、会议承办等行业,这应该是未来关注的方向。特别是高铁对不同类型的城市的异质性作用,应该是政府管理者和学者关心的问题。

(3)本书从宏观视角研究了高铁发展的作用,未来可以使用更多的微观数据对此问题进行更细致、更准确的检验。

参考文献

［1］ 毕秀晶.长三角城市群空间演化研究［D］.上海：华东师范大学,2014.

［2］ 陈国亮.新经济地理学视角下的生产性服务业集聚研究［D］.杭州：浙江大学,2010.

［3］ 陈建军,陈国亮,黄洁.新经济地理学视角下的生产性服务业集聚及其影响因素研究：来自中国 222 个城市的经验证据［J］.管理世界,2009(4)：83 - 95.

［4］ 陈立泰,张祖妞.我国服务业空间集聚水平测度及影响因素研究［J］.中国科技论坛,2010(9)：51 - 57.

［5］ 陈宇峰.城市郊区休闲农业项目集聚度研究［D］.南京：南京农业大学,2013.

［6］ 陈志明.基于空间计量经济学的生产性服务业集聚及其影响因素研究［D］.广州：华南理工大学,2012.

［7］ 程钰,刘雷,任建兰,等.济南都市圈交通可达性与经济发展水平测度及空间格局研究［J］.经济地理,2013(3)：59 - 64.

［8］ 党亚茹.基于 SSCI 的中国社会科学论文基金资助分析［J］.重庆大学学报(社会科学版),2010(5)：55 - 61.

［9］ 杜纯布.推进中国"高铁经济"健康发展的理性思考［J］.中州学刊,2011(3)：55 - 57.

［10］ 冯伟,徐康宁.交通基础设施与经济增长：一个文献综述［J］.产经评论,2013(3)：63 - 70.

［11］高丽娜.产业空间集聚对中国制造业全要素生产率的影响研究［D］.武汉：华中科技大学,2012.

［12］郭振.交通基础设施对中国区域经济增长的影响研究［D］.济南：山东大学,2015.

［13］郭竹学.沪昆高铁对江西区域经济影响研究［D］.北京：北京交通大学,2012.

［14］韩峰,王琢卓,阳立高.生产性服务业集聚、空间技术溢出效应与经济增长［J］.产业经济研究,2014(2)：1－10.

［15］郝俊卿.关中城市群产业集聚特征、机理及效应研究［D］.西安：西北大学,2013.

［16］郝寿义,倪方树,林坦,等.企业区位选择与空间集聚的博弈分析［J］.南开经济研究,2011(3)：69－78.

［17］虎啸,吴群琪,陈雪,等.基于 ArcGIS 的基础路网规划方法［J］.交通运输工程学报,2009(5)：67－72.

［18］黄森.空间视角下交通基础设施对区域经济的影响研究［D］.重庆：重庆大学,2014.

［19］黄寿峰,王艺明.我国交通基础设施发展与经济增长的关系研究：基于非线性 Granger 因果检验［J］.经济学家,2012(6)：28－34.

［20］贾善铭,覃成林.国外高铁与区域经济发展研究动态［J］.人文地理,2014(2)：7－12.

［21］蒋海英.GIS 支持下的四川省区域经济空间集聚研究［D］.成都：四川师范大学,2012.

［22］李文彬,陈浩.产城融合内涵解析与规划建议［J］.城市规划学刊,2012(S1)：99－103.

［23］李文强.都市圈产业结构演化研究［D］.上海：上海交通大学,2011.

［24］李祥妹,刘亚洲,曹丽萍.高速铁路建设对人口流动空间的影响研究［J］.中国人口・资源与环境,2014(6)：140－147.

［25］李想,杨英法.高铁经济效应的两面性及对策［J］.云南社会科学,2014

(2)：94 - 97.

[26] 李欣.城市交通基础设施对人口集聚的影响研究[D].北京：北京交通大学,2016.

[27] 梁琦.空间经济学：过去、现在与未来——兼评《空间经济学：城市、区域与国际贸易》[J].经济学,2005,4(4)：1067 - 1086.

[28] 梁若冰.口岸、铁路与中国近代工业化[J].经济研究,2015(4)：178 - 191.

[29] 林晓言,陈小君,白云峰,等.京津城际高速铁路对区域经济影响定量分析[J].铁道经济研究,2010(5)：5 - 11.

[30] 林永然.交通基础设施对浙江省经济集聚的影响研究：基于溢出效应和门槛效应的分析[D].杭州：浙江理工大学,2015.

[31] 刘冲,周黎安.高速公路建设与区域经济发展：来自中国县级水平的证据[J].经济科学,2014(2)：55 - 67.

[32] 刘生龙,胡鞍钢.交通基础设施与经济增长：中国区域差距的视角[J].中国工业经济,2010(4)：14 - 23.

[33] 刘亚洲,李祥妹,王君.沪宁高铁沿线空间产业结构及竞争力评价研究[J].科技和产业,2013(5)：20 - 25.

[34] 刘勇.交通基础设施投资、区域经济增长及空间溢出作用：基于公路、水运交通的面板数据分析[J].中国工业经济,2010(12)：37 - 46.

[35] 卢旭,许豪.高铁经济下沿线中小城市发展的思考[J].东方企业文化,2011(10)：120.

[36] 吕力.产业集聚、扩散与城市化发展[D].武汉：武汉大学,2005.

[37] 买静,张京祥.地方政府企业化主导下的新城空间开发研究：基于常州市武进新城区的实证[J].城市规划学刊,2013(3)：54 - 60.

[38] 孟德友,陆玉麒.高速铁路对河南沿线城市可达性及经济联系的影响[J].地理科学,2011(5)：537 - 543.

[39] 裴玉龙,徐慧智.基于城市区位势能的路网密度规划方法[J].中国公路学报,2007(3)：81 - 85.

[40] 皮亚彬,薄文广,何力武.城市区位、城市规模与中国城市化路径[J].经济与管理研究,2014(3)：59-65.

[41] 乔洁,秦萧,沈山.高速铁路经济效应研究进展与前瞻[J].经济问题探索,2012(8)：112-118.

[42] 秦建军,武拉平,闫逢柱.产业地理集聚对产业成长的影响：基于中国农产品加工业的实证分析[J].农业技术经济,2010(1)：104-111.

[43] 任英华,游万海,徐玲.现代服务业集聚形成机理空间计量分析[J].人文地理,2011(1)：82-87.

[44] 沈能.局域知识溢出和生产性服务业空间集聚：基于中国城市数据的空间计量分析[J].科学学与科学技术管理,2013(5)：61-69.

[45] 施若谷,梅进禄.国内外高校科技工作的成功经验及启示[J].集美大学学报(哲学社会科学版),2003,6(2)：47-55.

[46] 史云鹏.多重心综合分析法在我国钢铁产业中的应用[D].天津：天津大学,2007.

[47] 宋诗伟,吴锋.国内外高铁经济发展经验探究[J].经营管理者,2012(22)：21-37.

[48] 宋英杰.交通基础设施的经济集聚效应：基于新经济地理理论的分析[D].济南：山东大学,2013.

[49] 陶纪明.上海生产者服务业空间集聚研究[D].上海：上海社会科学院,2008.

[50] 汪德华,张再金,白重恩.政府规模、法治水平与服务业发展[J].经济研究,2007(6)：51-64.

[51] 汪海.都市圈通勤铁路建设：中国经济稳增长、扩内需的强大引擎[J].中国软科学,2015(12)：75-87.

[52] 汪建丰,翟帅.高铁经济效应对区域发展机制转型的影响研究[J].华东经济管理,2015(11)：76-80.

[53] 王姣娥,丁金学.高速铁路对中国城市空间结构的影响研究[J].国际城市规划,2011(6)：49-54.

［54］王金婉.高速铁路的区域影响研究［D］.武汉：华中师范大学,2015.

［55］王琦,沈滢,赵辉越,等.基于CNKI文献分析的城市经济空间演化研究综述［J］.现代情报,2013(5)：173－177.

［56］王瑞军.基于省域视角的中国交通运输对区域经济发展影响研究［D］.北京：北京交通大学,2013.

［57］王谢勇,柴激扬,孙毅.基于文献研究方法的我国高速铁路对经济发展影响综述［J］.经济与管理,2015(5)：64－69.

［58］王业强,魏后凯.产业地理集中的时空特征分析：以中国28个两位数制造业为例［J］.统计研究,2006(6)：28－33.

［59］王一涵.中国高速铁路对区域经济发展影响研究［J］.企业改革与管理,2014(14)：105.

［60］王雨飞,倪鹏飞.高速铁路影响下的经济增长溢出与区域空间优化［J］.中国工业经济,2016(2)：21－36.

［61］王琢卓.生产性服务业集聚与经济增长［D］.长沙：湖南大学,2014.

［62］魏星.上海产业集聚及劳动力空间分布变动研究［D］.上海：复旦大学,2005.

［63］吴继华.大连市现代服务业空间集聚及其组织模式研究［D］.大连：辽宁师范大学,2013.

［64］徐妍.产业集聚视角下中国高技术产业创新效率及其空间分异研究［D］.天津：南开大学,2013.

［65］杨朝秀.交通基础设施对区域经济的影响：以中国三大地区为例［D］.北京：对外经济贸易大学,2015.

［66］杨帆,韩传峰.中国交通基础设施与经济增长的关系实证［J］.中国人口·资源与环境,2011(10)：147－152.

［67］杨维凤.京沪高速铁路对我国区域空间结构的影响分析［J］.北京社会科学,2010(6)：38－43.

［68］杨焱.金融集聚影响因素探讨［J］.商场现代化,2015(20)：208－209.

［69］叶昌友,王遐见.交通基础设施、交通运输业与区域经济增长：基于省域数据的空间面板模型研究［J］.产业经济研究,2013(2)：40－47.

[70] 殷铭.高铁对城市空间发展的影响效应：国际经验及长三角地区的实证[D].南京：东南大学,2013.

[71] 余文涛.创新产业集聚对区域创新与生产效率的影响[D].合肥：中国科学技术大学,2014.

[72] 袁海.文化产业集聚的形成及效应研究[D].西安：陕西师范大学,2012.

[73] 张浩然.中国城市经济的空间集聚和外溢：理论分析与经验证据[D].长春：吉林大学,2012.

[74] 张华,梁进社.产业空间集聚及其效应的研究进展[J].地理科学进展,2007(2)：14-24.

[75] 张克中,陶东杰.交通基础设施的经济分布效应：来自高铁开通的证据[J].经济学动态,2016(6)：62-73.

[76] 张林,董千里,申亮.交通基础设施影响下的物流业与区域经济的关联研究[J].技术经济与管理研究,2015(1)：112-116.

[77] 张天悦.试论交通在区域经济协同发展中的助推作用[D].北京：北京交通大学,2011.

[78] 张先锋,陈琳,吴伟东.交通基础设施、人力资本分层集聚与区域全要素生产率：基于我国285个地级市面板数据的经验分析[J].工业技术经济,2016(6)：92-102.

[79] 张学良.中国交通基础设施促进了区域经济增长吗：兼论交通基础设施的空间溢出效应[J].中国社会科学,2012(3)：60-77.

[80] 张学良.中国交通基础设施与经济增长的区域比较分析[J].财经研究,2007(8)：51-63.

[81] 张学良,孙海鸣.交通基础设施、空间聚集与中国经济增长[J].经济经纬,2008(2)：20-23.

[82] 张妍妍.产品空间结构演化与产业升级研究[D].长春：吉林大学,2014.

[83] 张勇.生产性服务业空间集聚的实证研究[D].沈阳：辽宁大学,2012.

[84] 章韬.经济地理、产业集聚与全要素生产率空间差异[D].上海：复旦大学,2012.

[85] 赵星.我国文化产业集聚的动力机制研究[D].南京：南京师范大学，2014.

[86] 郑广建.交通基础设施、空间结构调整与区域经济协调[D].杭州：浙江大学,2014.

[87] 郑长德,唐锐.克鲁格曼与空间经济学[J].西南民族大学学报(人文社科版),2008(12)：116-122.

[88] 仲维庆.论区域交通与区域经济的相互作用[J].学术交流,2013(5)：142-145.

[89] 周浩,郑筱婷.交通基础设施质量与经济增长：来自中国铁路提速的证据[J].世界经济,2012(1)：78-97.

[90] 周文良.制造业的集聚、扩散及其政策选择[D].广州：暨南大学,2006.

[91] 朱思源.高速铁路对沿线城市可达性的影响研究[D].北京：北京交通大学,2014.

[92] SIMON A. Chinese roads in India：the effect of transport infrastructure on economic development[Z]. Society for Economic Dynamics，2015.

[93] ABDOLLAHIAN M，YANG Z. Towards trade equalisation：a network perspective on trade and Income Convergence Across the Twentieth Century[J]. New Political Economy，2014，19(4)：601-627.

[94] AGRAWAL A，GALASSO A，OETTL A. Roads and innovation [J]. Review of Economics and Statistics，2017，99(3)：417-434.

[95] ALDER S，SHAO L，ZILIBOTTI F. Economic reforms and industrial policy in a panel of Chinese cities[Z]. C.E.P.R. Discussion Papers，2013.

[96] ALLEN T，ATKIN D. Volatility and the gains from trade[R]. National Bureau of Economic Research，2016.

[97] ASTURIAS J，GARCÍA-SANTANA M，RAMOS MAGDALENO R. Competition and the welfare gains from transportation infrastructure：evidence from the golden quadrilateral of India[J]. Journal of the European Economic Association，2019，17(6)：1881-1940.

［98］ BALDWIN R E, KRUGMAN P. Agglomeration, integration and tax harmonisation[J]. European Economic Review, 2004, 48(1): 1 - 23.

［99］ BANERJEE A V, DUFLO E. Do firms want to borrow more? Testing credit constraints using a directed lending program[J]. The Review of Economic Studies, 2014, 81(2): 572 - 607.

［100］ BANERJEE A, DUFLO E, QIAN N. On the road: access to transportation infrastructure and economic growth in China [R]. National Bureau of Economic Research, 2012.

［101］ BARRO R J. Economic growth in a cross section of countries [J]. The Quarterly Journal of Economics, 1991, 106(2): 407 - 443.

［102］ BAUM-SNOW N. Did highways cause suburbanization? [J]. The Quarterly Journal of Economics, 2007(2): 775 - 805.

［103］ BAUM-SNOW N, BRANDT L, HENDERSON J V, et al. Highways, market access and urban growth in China [Z]. Spatial Economics Research Centre, LSE, 2016.

［104］ BAUM-SNOW N, BRANDT L, HENDERSON J V, et al. Roads, railroads and decentralization of Chinese cities [J]. Review of Economics and Statistics, 2017, 99(3): 435 - 448.

［105］ BRANDT L, VAN BIESEBROECK J, ZHANG Y. Creative accounting or creative destruction? Firm-level productivity growth in Chinese manufacturing[J]. Journal of Development Economics, 2012, 97(2): 339 - 351.

［106］ BUTCHER K F, MCEWAN P J, WEERAPANA A. The effects of an anti-grade inflation policy at Wellesley College[J]. Journal of Economic Perspectives, 2014, 28(3): 189 - 204.

［107］ CANTOS P, GUMBAU ALBERT M, MAUDOS J. Transport infrastructures, spillover effects and regional growth: evidence of the Spanish case[J]. Transport reviews, 2005, 25(1): 25 - 50.

[108] CHANDRA A, THOMPSON E. Does public infrastructure affect economic activity? Evidence from the rural interstate highway system [J]. Regional Science and Urban Economics, 2000, 30(4): 457 - 490.

[109] CHARLTON B G, ANDRAS P. Medical research funding may have over-expanded and be due for collapse[J]. QJM: An International Journal of Medicine, 2005, 98(1): 53 - 55.

[110] CHESHIRE P C, HILBER C A L, KAPLANIS I. Land use regulation and productivity - land matters: evidence from a UK supermarket chain[J]. Journal of Economic Geography, 2014, 15(1): 43 - 73.

[111] CHETTY R, KROFT K. Salience and taxation: theory and evidence [J]. Finance & Economics Discussion, 2009, 99(4): 1145 - 1177.

[112] CICCONE A. Agglomeration effects in Europe [J]. European Economic Review, 2002, 46(2): 213 - 227.

[113] COMBES P. Economic structure and local growth: France, 1984 - 1993[J]. Journal of Urban Economics, 2000, 47(3): 329 - 355.

[114] COTO-MILLÁN P, INGLADA V, REY B. Effects of network economies in high-speed rail: the Spanish case[J]. The Annals of Regional Science, 2007, 41(4): 911 - 925.

[115] CROST B, FELTER J, JOHNSTON P. Aid under fire: development projects and civil conflict[J]. American Economic Review, 2014, 104 (6): 1833 - 1856.

[116] DATTA S. The impact of improved highways on Indian firms[J]. Journal of Development Economics, 2012, 99(1): 46 - 57.

[117] DELGADO M, PORTER M E, STERN S. Clusters, convergence, and economic performance[J]. Research Policy, 2014, 43(10): 1785 - 1799.

[118] DEMPSEY J A, PLANTINGA A J. How well do urban growth

boundaries contain development? Results for Oregon using a difference-in-difference estimator [J]. Regional Science and Urban Economics, 2013, 43(6): 996 – 1007.

[119] DIXIT A K, STIGLITZ J E. Monopolistic competition and optimum product diversity[J]. The American Economic Review, 1977, 67(3): 297 – 308.

[120] DRUCKER J, FESER E. Regional industrial structure and agglomeration economies: an analysis of productivity in three manufacturing industries[J]. Regional Science and Urban Economics, 2012, 42(1 – 2): 1 – 14.

[121] DUPONT V, MARTIN P. Subsidies to poor regions and inequalities: some unpleasant arithmetic [J]. Journal of Economic Geography, 2006, 6(2): 223 – 240.

[122] DURANTON G, MORROW P M, TURNER M A. Roads and trade: evidence from the US[J]. The Review of Economic Studies, 2014, 81 (2): 681 – 724.

[123] DURANTON G, TURNER M A. Urban growth and transportation [J]. The Review of Economic Studies, 2012, 79(4): 1407 – 1440.

[124] FABER B. Trade integration, market size, and industrialization: evidence from China's national trunk highway system[J]. The Review of Economic Studies, 2014, 81(3): 1046 – 1070.

[125] FAJGELBAUM P D, SCHAAL E. Optimal transport networks in spatial equilibrium[R]. National Bureau of Economic Research, 2017.

[126] FELBERMAYR G J, TARASOV A. Trade and the spatial distribution of transport infrastructure[Z]. CEPII Working Paper, 2015.

[127] FELKNER J S, TOWNSEND R M. The geographic concentration of enterprise in developing countries [J]. The Quarterly Journal of Economics, 2011, 126(4): 2005 – 2061.

[128] GHANI E, GOSWAMI A G, KERR W R. Highway to success: the impact of the golden quadrilateral project for the location and performance of Indian manufacturing[J]. The Economic Journal, 2016, 126(591): 317 - 357.

[129] GINÉ X, TOWNSEND R M. Evaluation of financial liberalization: a general equilibrium model with constrained occupation choice[J]. Journal of Development Economics, 2004, 74(2): 269 - 307.

[130] HAUGHWOUT A F, LAHR M L. Industrial location and public policy[Z]. Wiley Subscription Services, Inc, 1992: 32, 113.

[131] HELPMAN E, KRUGMAN P R. Market structure and foreign trade: increasing returns, imperfect competition, and the international economy[M]. Massachusetts: MIT Press, 1985.

[132] HENDERSON J V. Marshall's scale economies[J]. Journal of Urban Economics, 2003, 53(1): 1 - 28.

[133] HOLTZ-EAKIN D, SCHWARTZ A E. Spatial productivity spillovers from public infrastructure: evidence from state highways[J]. International Tax and Public Finance, 1995, 2(3): 459 - 468.

[134] JEONG H, TOWNSEND R M. Sources of TFP growth: occupational choice and financial deepening[J]. Economic Theory, 2007, 32(1): 179 - 221.

[135] JOFRE-MONSENY J, MARÍN-LÓPEZ R, VILADECANS-MARSAL E. The mechanisms of agglomeration: evidence from the effect of inter-industry relations on the location of new firms[J]. Journal of Urban Economics, 2011, 70(2 - 3): 61 - 74.

[136] KNAAP T, OOSTERHAVEN J, TAVASSZY L. On the development of raem: the Dutch spatial general equilibrium model and it's first application to a new railway link[C]. ERSA Conference Papers, 2001.

[137] KONTGIS C, SCHNEIDER A, FOX J, et al. Monitoring peri-urbanization in the greater Ho Chi Minh City metropolitan area [J]. Applied Geography, 2014(53): 377 - 388.

[138] KRUGMAN P. Increasing returns and economic geography [J]. Journal of Political Economy, 1991, 99(3): 483 - 499.

[139] LANE J. Assessing the impact of science funding[J]. Science, 2009, 324(5932): 1273.

[140] LI P, LU Y, WANG J. Does flattening government improve economic performance? Evidence from China [J]. Journal of Development Economics, 2016(123): 18 - 37.

[141] MASSON S, PETIOT R. Can the high speed rail reinforce tourism attractiveness? The case of the high speed rail between Perpignan (France) and Barcelona (Spain) [J]. Technovation, 2009, 29 (9): 611 - 617.

[142] MICHAELS G. The effect of trade on the demand for skill: evidence from the interstate highway system[J]. The Review of Economics and Statistics, 2008, 90(4): 683 - 701.

[143] MORENO R, LÓPEZ-BAZO E. Returns to local and transport infrastructure under regional spillovers [J]. International Regional Science Review, 2007, 30(1): 47 - 71.

[144] PUGA D. The magnitude and causes of agglomeration economies [J]. Journal of Regional Science, 2010, 50(1): 203 - 219.

[145] QIN Y. "No county left behind?" The distributional impact of high-speed rail upgrades in China [J]. Journal of Economic Geography, 2017, 17(3): 489 - 520.

[146] RATTSØ J, STOKKE H. Regional convergence of income and education: investigation of distribution dynamics [J]. Urban Studies, 2013, 51(8): 1672 - 1685.

[147] REINHART M. Peer review practices: a content analysis of external reviews in science funding[J]. Research Evaluation, 2010, 19(5): 317-331.

[148] ROBERTS M, DEICHMANN U, FINGLETON B, et al. Evaluating China's road to prosperity: a new economic geography approach [J]. Regional Science and Urban Economics, 2012, 42(4): 580-594.

[149] ROLAND H, PAUL A R. Regional favoritism[J]. The Quarterly Journal of Economics, 2014, 129(2): 995-1033.

[150] ROSENTHAL S S. Are private markets and filtering a viable source of low-income housing? Estimates from a "repeat income" model [J]. American Economic Review, 2014, 104(2): 687-706.

[151] ROSENTHAL S, STRANGE W. Geography, industrial organization, and agglomeration[Z]. Center for Policy Research, Maxwell School, Syracuse University, 2003.

[152] SHIFERAW A S, DERBOM M N, SIBA E, et al. Road infrastructure and enterprise dynamics in Ethiopia[J]. The Journal of Development Studies, 2015, 51(11): 1541.

[153] TAYLOR J, CARL T K. National policy for regional development: evidence from appalachian highways[Z]. National Bureau of Economic Research, Inc, 2016.

[154] TREB A, COSTAS A. Trade and the topography of the spatial economy[Z]. National Bureau of Economic Research, Inc, 2013.

[155] WEINBERG B A, OWEN-SMITH J, ROSEN R F, et al. Science funding and short-term economic activity[J]. Science, 2014, 344 (6179): 41.

[156] ZHENG S, KAHN M E. China's bullet trains facilitate market integration and mitigate the cost of megacity growth[J]. Proceedings of the National Academy of Sciences, 2013, 110(14): E1248-E1253.

索　引